雪謙文化

成佛之道
殊勝證悟道前行法

The Excellent Path to Enlightenment

[本　續] 蔣揚・欽哲・旺波 Jamyang Khyentse Wangpo
[開　示] 頂果欽哲法王 Dilgo Khyentse Rinpoche
[總召集] 賴聲川　[譯　者] 楊書婷
[審　定] 蓮師中文翻譯小組（賴聲川、丁乃竺、劉婉俐、楊書婷、項慧齡）

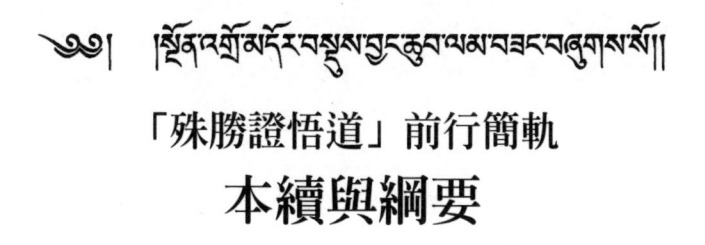

༄༅། །སྟོན་འགྲོ་མདོར་བསྡུས་བྱང་ཆུབ་ལམ་བཟང་བཞུགས་སོ།།

「殊勝證悟道」前行簡軌
本續與綱要

༄༅། བླ་མ་མཁྱེན། ལན་གསུམ།

LAMA KYENO!

喇嘛千諾

喇嘛千諾！

念誦三次或多次，並如書中第27頁所描述做觀想。

六共加行

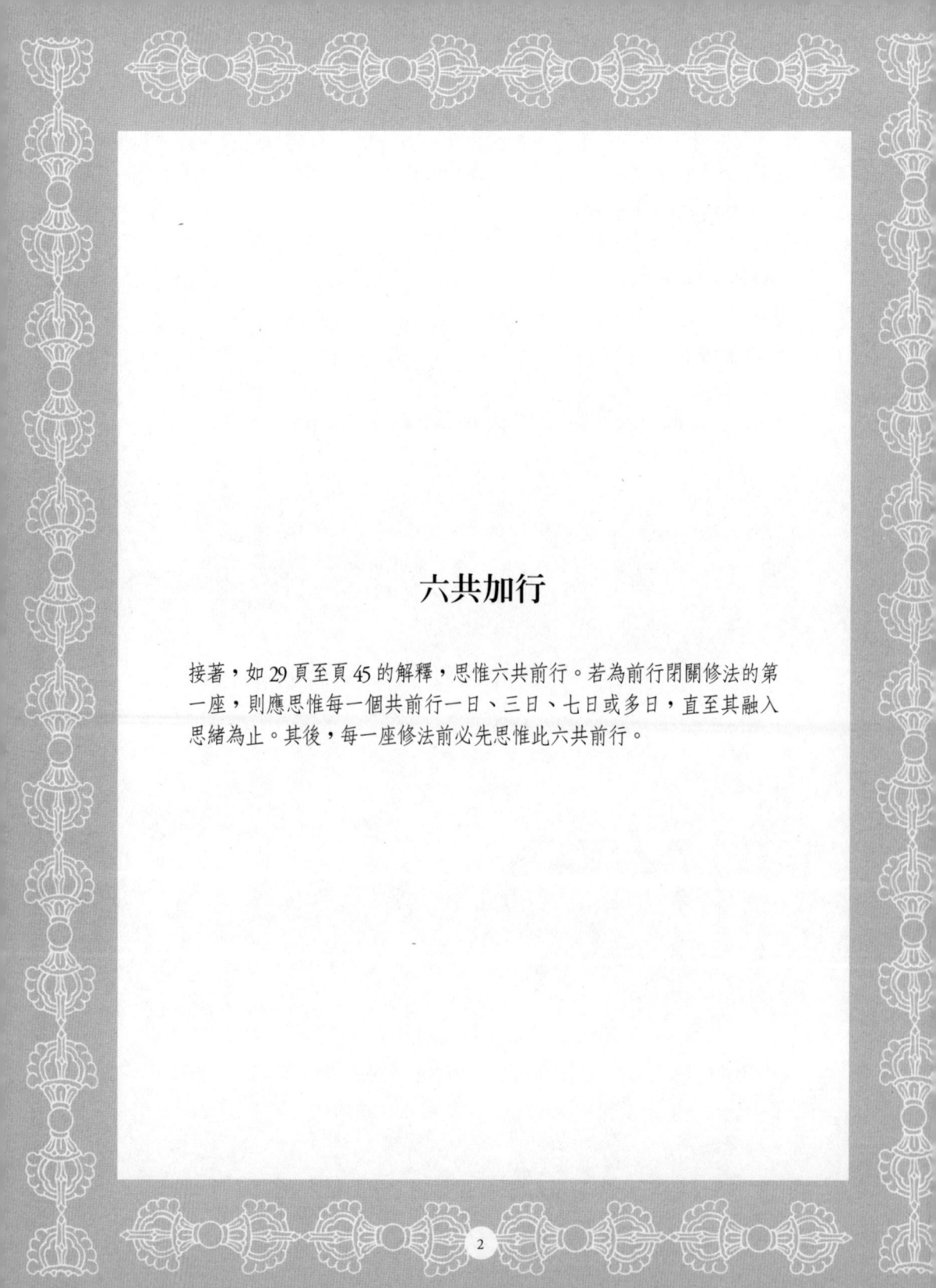

接著,如29頁至頁45的解釋,思惟六共前行。若為前行閉關修法的第一座,則應思惟每一個共前行一日、三日、七日或多日,直至其融入思緒為止。其後,每一座修法前必先思惟此六共前行。

དལ་འབྱོར་རྙེད་དཀའ་དོན་ཆེན་ཐོབ་དུས་འདིར།

DAL JOR NYE KA DÖN CHEN TOB DU DIR

達糾涅卡敦千托度帝

我今具足稀有暇滿身，

སྣོད་བཅུད་མི་རྟག་དྲན་པས་རྒྱུད་བསྐུལ་ནས།

NÖ CHU MITAK DRENPE GYU KUL NE

虐去米它枕北句庫涅

因知情器無常願發心。

སྲིད་གསུམ་སྡུག་བསྔལ་མཚོ་ལས་ངེས་འབྱུང་ཕྱིར།

SI SUM DUNGEL TSO LE NGE JUNG CHIR

悉松敦皆措列涅冏企

令己實離三界痛苦海，

བླང་དོར་མ་ནོར་ལམ་ལ་བརྩོན་ནུས་ཤོག

LANG DOR MA NOR LAM LA TSÖN NU SHO

朗多瑪諾浪拉村努修

知所取捨修行不退轉。

ཅེས་མཁྲ་ལས་སོ།

此四句為頂果欽哲法王所撰。

3

一、皈依發心

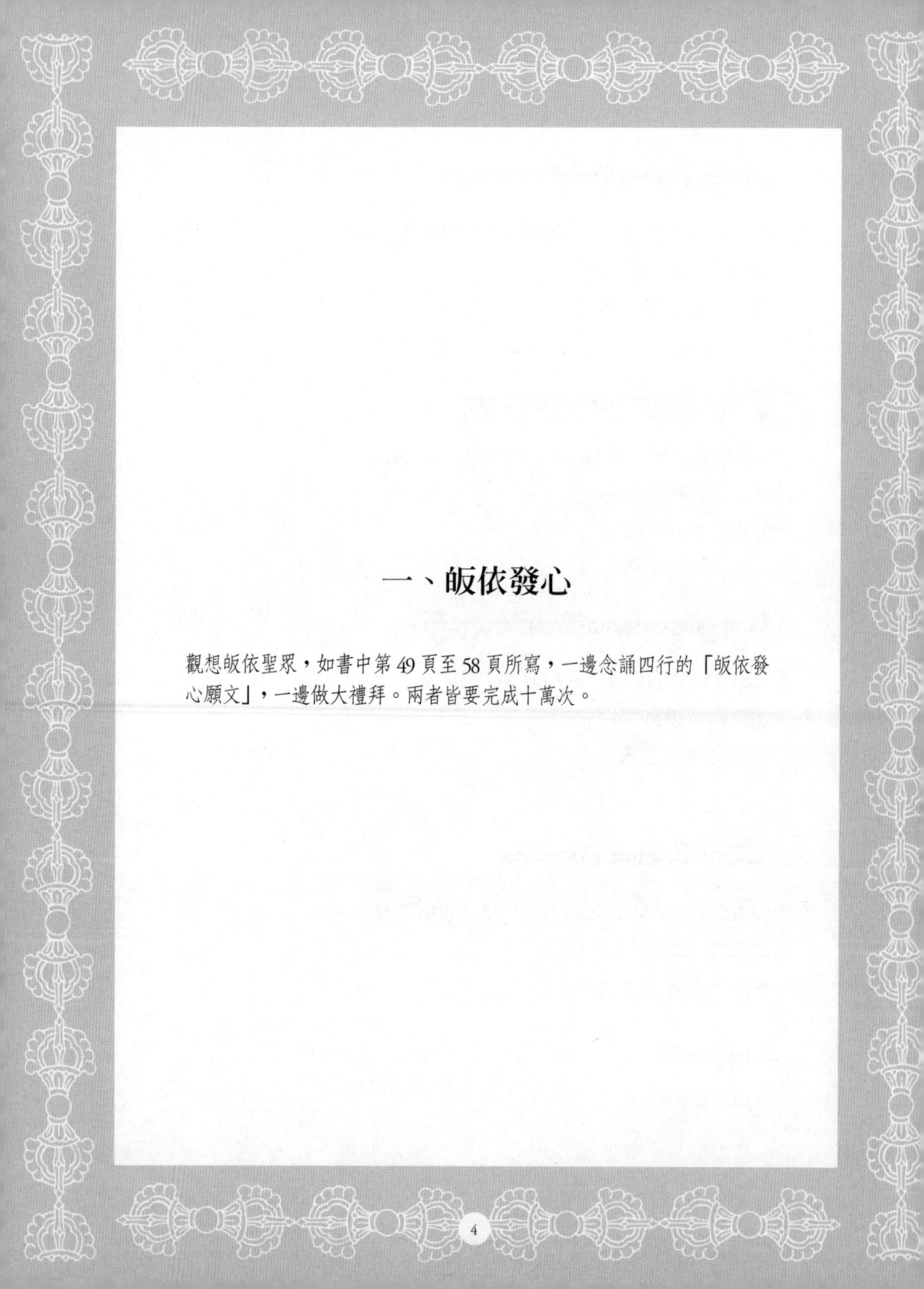

觀想皈依聖眾,如書中第49頁至58頁所寫,一邊念誦四行的「皈依發心願文」,一邊做大禮拜。兩者皆要完成十萬次。

ན་མོ། བདག་སོགས་འགྲོ་ཀུན་བྱང་ཆུབ་བར།

NAMO DA SOK DRO KUN CHANG CHUP BAR

南摩 達梭卓棍蔣去巴

南無！直至我等皆證悟，

རྩ་བ་གསུམ་ལ་སྐྱབས་སུ་མཆི།

TSAWA SUM LA KYAP SU CHI

雜瓦宋拉加蘇企

至心皈依三根本。

གཞན་དོན་སངས་རྒྱས་འཐོབ་བྱའི་ཕྱིར།

SHEN TÖN SANG GYE TOB CHE CHIR

先敦桑結托記企

為利眾生願成佛，

སྨོན་འཇུག་དོན་དམ་བྱང་སེམས་བསྐྱེད།

MÖN JUK TÖN DAM CHANG SEM KYE

門句敦當蔣森結

生起行、願、勝覺心。

如書中 53 頁所描述，於每座結束時，觀想收攝並迴向功德。

二、發菩提心

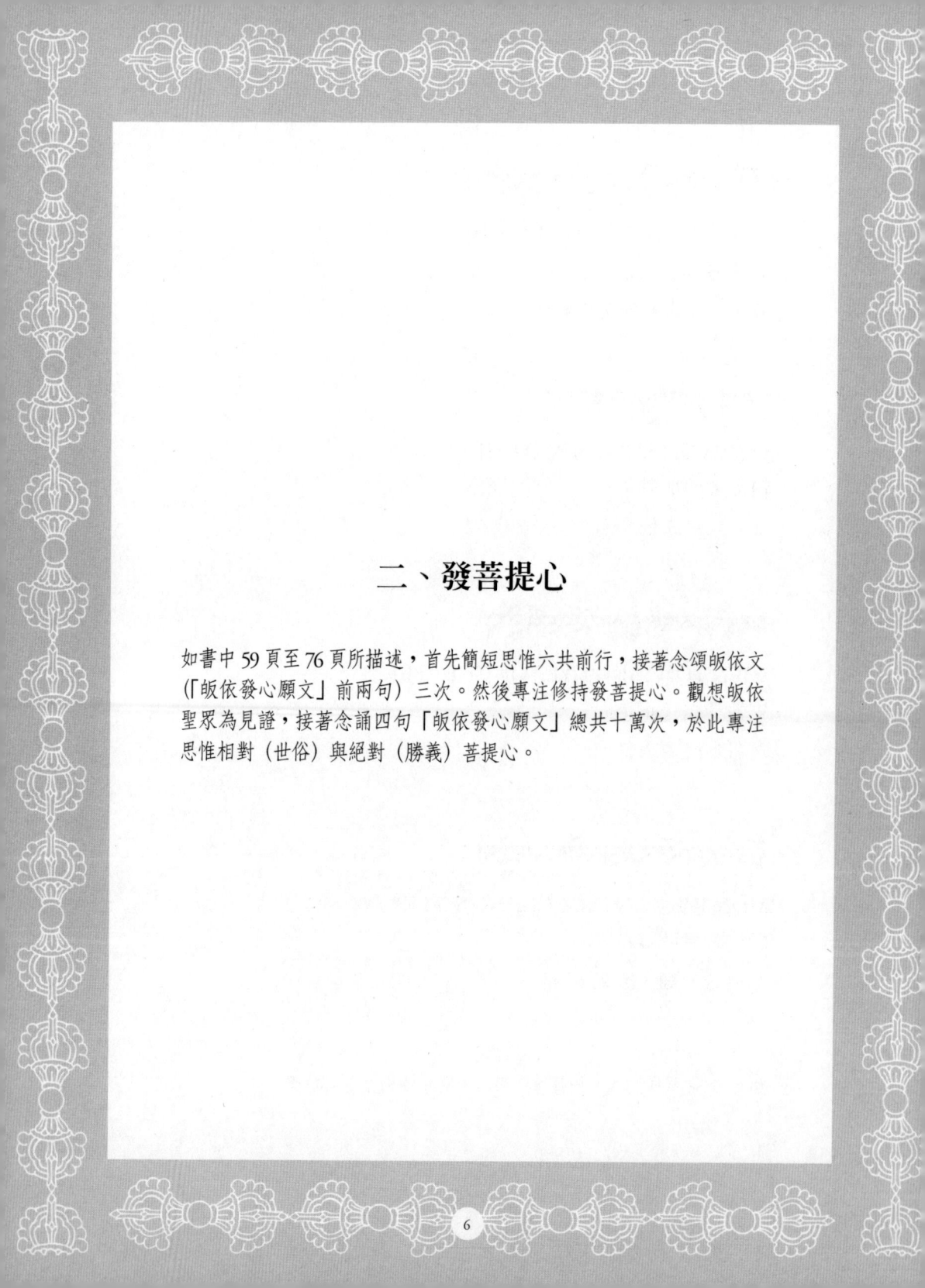

如書中 59 頁至 76 頁所描述，首先簡短思惟六共前行，接著念頌皈依文（「皈依發心願文」前兩句）三次。然後專注修持發菩提心。觀想皈依聖眾為見證，接著念誦四句「皈依發心願文」總共十萬次，於此專注思惟相對（世俗）與絕對（勝義）菩提心。

三、金剛薩埵

簡要修持先前的各個前行。接著如77至90頁之指示觀想金剛薩埵,並念誦「百字明」。

ཨ། བདག་ཉིད་སྤྱི་བོར་པད་ཟླའི་སྟེང་།

AH DA NYI CHIWOR PE DE TENG

阿 達尼企瓦北迭登

阿！頂冠蓮花月輪上，

བླ་མ་རྡོར་སེམས་ཡབ་ཡུམ་གྱི།

LAMA DORSEM YAB YUM KYI

喇嘛多森亞用計

金剛薩埵雙身座。

ཐུགས་ཀའི་སྔགས་ལས་བདུད་རྩིའི་རྒྱུན།

TUK KE NGAK LE DUTSI GYUN

突客那列度次君

其心咒字降甘露，

བབས་པས་ནད་གདོན་སྡིག་སྒྲིབ་སྦྱངས།

BAP PE NE DÖN DIK DRIP JANG

巴北涅敦帝至將

清淨病、魔、惡業、染。

ཡིག་བརྒྱ་བཟླ།

持誦「百字明」。詳見〈附錄一〉。

每座結束前，持誦「發露懺悔文」。詳見〈附錄二〉。

རྡོར་སེམས་འོད་ཞུ་རང་ལ་ཐིམ།

DORSEM Ö SHU RANG LA TIM

多森威序讓拉替

本尊化光融入己。

如書中 86 頁至 90 頁所寫，觀想自身為金剛薩埵本尊，並持誦「六字心咒」。詳見〈附錄三〉。

於尚未完成十萬次「百字明」之前，每座重點應放於「百字明」的持誦，「六字心咒」只需在其後念誦一百零八次。一旦完成了十萬次「百字明」之後，則每座持誦「百字明」二十一次或一百零八次，接著專注念誦「六字心咒」，並配合觀想。「六字心咒」的圓滿次數為六十萬次。

四、曼達供養

簡要修持先前的各個前行,接著觀想供養聖眾。首先念誦「三十七支供養文」三次或七次,詳見〈附錄四〉。接著如書中 91 頁至 101 頁所寫,專注念誦下列願文與咒語十萬次。你也可以選擇念誦「四句供養文」,詳見〈附錄五〉。無論念誦哪一種願文,每次都應在曼達盤上做出七墩供養。

ཨོཾ་ཨཱཿཧཱུྃ།

OM AH HUNG

唵阿吽

淹阿吽!

ཀུ་གསུམ་ཞིང་ཁམས་ལོངས་སྤྱོད་དང་།

KU SUM SHING KHAM LONG CHÖ DANG

固松星康隆却當

三身佛土與富樂，

ཕྱི་ནང་གསང་བའི་མཆོད་པའི་སྤྲིན།

CHI NANG SANG WE CHÖPE TRIN

企囊桑威却北鎮

外、內、密之供養雲，

དཀོན་མཆོག་རྩ་བ་གསུམ་ལ་འབུལ།

KÖNCHOK TSAWA SUM LA BUL

昆邱雜瓦松拉布

獻予三寶三根本。

བཞེས་ནས་མཆོག་ཐུན་དངོས་གྲུབ་སྩོལ།

SHE NE CHOK TUN NGÖDRUP TSÖL

些涅邱登哦竹措

受已祈賜二成就。

OM AH HUNG GURU DEWA DAKINI SAPARIWARA
RATNA MANDALA PUJA MEGHA AH HUNG

唵阿吽 咕如 喋瓦 達克尼 薩帕利瓦惹
熱納 曼達拉 布雜 美嘎 阿 吽

每座結束時，收攝觀想並迴向功德。

五、上師相應

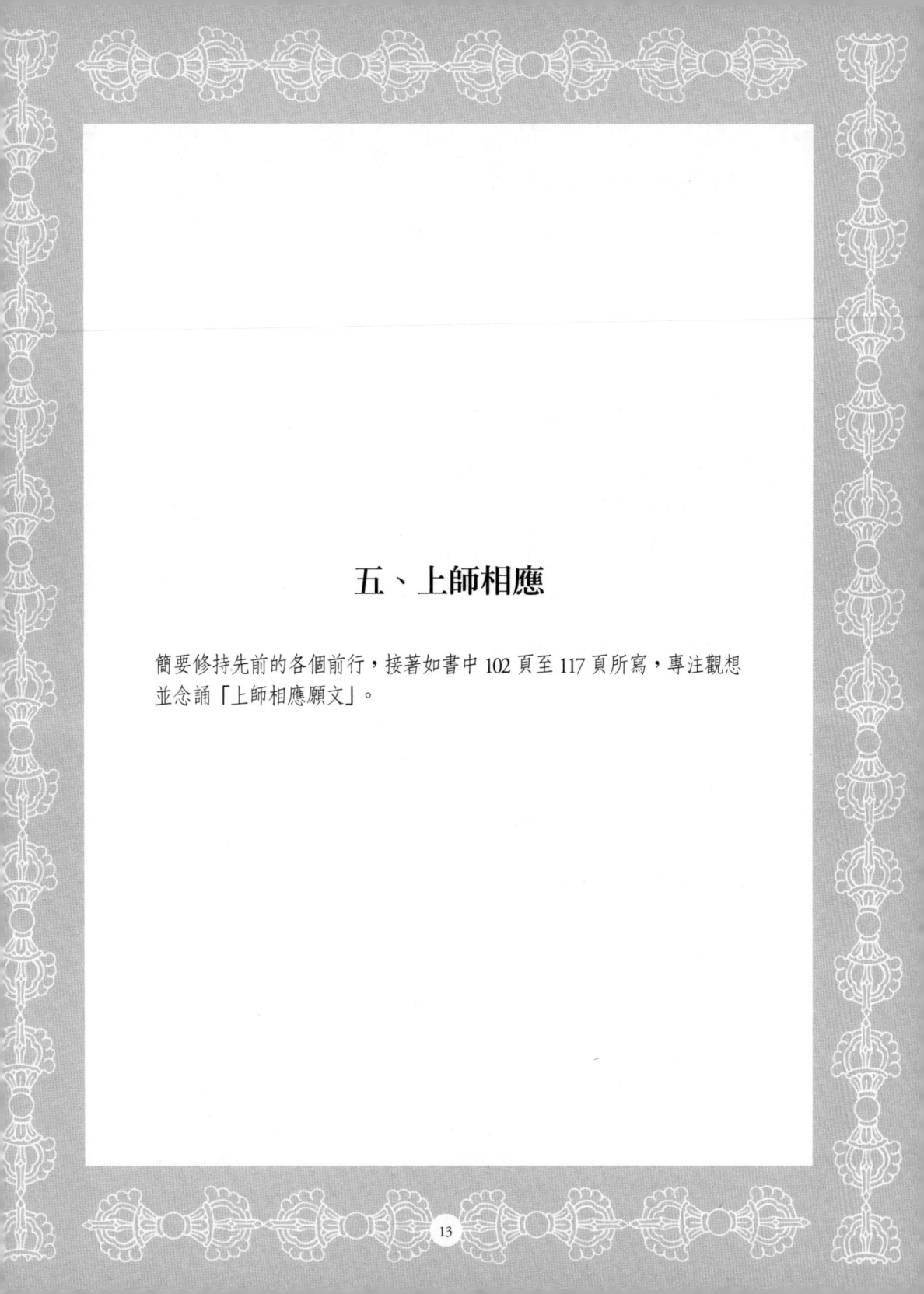

簡要修持先前的各個前行，接著如書中 102 頁至 117 頁所寫，專注觀想並念誦「上師相應願文」。

རང་མདུན་ནམ་མཁར་འཇའ་འོད་ཀློང་།

RANG DUN NAMKHAR JA Ö LONG

讓敦南卡加威隆

前空廣大虹光中，

རྩ་བའི་བླ་མ་ཐོད་ཕྲེང་རྩལ།

TSAWE LAMA TÖTRENGTSEL

雜瓦喇嘛通真雜

根本上師蓮師現，

བརྒྱུད་གསུམ་རིག་འཛིན་རྒྱ་མཚོས་བསྐོར།

GYU SUM RIGDZIN GYAMTSÖ KOR

句宋日進蔣策括

如海三傳持明繞，

སྐྱབས་ཀུན་འདུས་པའི་ངོ་བོར་བཞུགས།

KYAP KUN DUPE NGOWOR SHUK

洽昆度北哦我修

尊為皈依眾總集。

ཚིག་བདུན་གསོལ་འདེབས་དང་བླ་མ་བརྫོད་གཡུར་ལ་འབད། མཐར།

虔心持誦「蓮師七句祈請文」與「金剛上師心咒」。詳見〈附錄六〉和〈附錄七〉。

首先完成十萬次的「七句祈請文」，詳見本書〈附錄六〉；於每座結束前念誦「金剛上師心咒」數百次，詳見〈附錄七〉；接著如下領受四灌。圓滿十萬次的「七句祈請文」後，接著要完成「金剛上師心咒」共一百三十萬次。屆時每座應先念誦七次或十一次的「七句祈請文」，接著念誦「金剛上師心咒」。

每座結束之前，領受四灌並收攝觀想。

གནས་གསུམ་འབྲུ་གསུམ་འོད་ཟེར་གྱིས།

NE SUM DRU SUM ÖZER KYI

涅宋竹宋歐色及

本尊三種字放光，

བྱིན་རླབས་དབང་དང་དངོས་གྲུབ་ཐོབ།

CHIN LAP WONG DANG NGÖDRUP TOP

近拉翁當哦竹托

賜加持、灌頂、成就。

བླ་མ་འོད་ཞུ་རང་ལ་ཐིམ།

LAMA Ö SHU RANG LA TIM

喇嘛威序讓拉替

上師化光融入己。

དབྱེར་མེད་མ་བཅོས་ལྷུག་པར་བཞག

YERME MACHÖ LHUKPAR SHA

業美馬却盧帕夏

無別住於離戲中。

དགེ་བསྔོའོ། །

迴向福德

ཞེས་པའང་མཁྱེན་བརྩེའི་དབང་པོས་སོ།། །།

本儀軌由欽哲旺波所撰。

「殊勝證悟道」前行簡軌
附錄

【附錄一】金剛薩埵百字明

OM BENZAR SATTO SAMAYA MANUPALAYA
唵 班雜 薩埵 薩瑪亞 瑪努巴拉亞

BENZAR SATTO TENOPATICH'TRA DRIDHRO ME BHAWA
班雜 薩埵 迭諾巴地叉 哲多 美 巴瓦

SUTOKOYO ME BHAWA SUPOKOYO ME BHAWA
蘇多寇友 美 巴瓦 蘇波寇友 美 巴瓦

ANURAKTO ME BHAWA SARWA SIDDHI ME PRAYATSA
阿努熱多 美 巴瓦 薩瓦 悉地 美 巴亞擦

SARWA KARMA SUTSA ME TSITTAM SHRIYAM KURU HUNG
薩瓦 嘎瑪 蘇擦 美 記當 歇瑞仰 咕如 吽

HA HA HA HA HO BHAGAWAN SARWA TATHAGATA
哈 哈 哈 哈 火 巴嘎萬 薩瓦 達塔嘎達

BENZAR MAME MUNTSA BENZI BHAWA
班雜 瑪美 木擦 班記 巴瓦

MAHA SAMAYA SATTO AH
瑪哈 薩瑪亞 薩埵 阿！

【附錄二】發露懺悔文

མགོན་པོ་བདག་ནི་མི་ཤེས་རྨོངས་པ་སྟེ།

GÖNPO DA NI MI SHE MONGPA TE

昆波 達尼彌些蒙巴德

怙主，我因無明與愚痴，

དམ་ཚིག་ལས་ནི་འགལ་ཞིང་ཉམས།

TAMTSIK LE NI GAL SHING NYAM

當企列尼嘎興釀

三昧耶戒已違犯。

བླ་མ་མགོན་པོས་སྐྱབས་མཛོད་ཅིག

LAMA GÖNPÖ KYAP DZO CHIK

喇嘛昆波洽左企

上師怙主為皈依！

གཙོ་བོ་རྡོ་རྗེ་འཛིན་པ་སྟེ།

TSOWO DORJE DZINPA TE

措窩多結今巴德

無上金剛持有者，

ཐུགས་རྗེ་ཆེན་པོའི་བདག་ཉིད་ཅན།

TUKJE CHENPÖ DANYI CHEN

圖結千波達尼千

偉大悲心化現尊，

འགྲོ་བའི་གཙོ་ལ་བདག་སྐྱབས་མཆི།

DRO WE TSO DA KYAP CHI

卓威措拉達洽企

諸眾最勝我皈依。

སྐུ་གསུང་ཐུགས་དང་རྩ་བ་ཡན་ལག་གི་དམ་ཚིག
ཉེས་ལྟུང་ཐམས་ཅད་མཐོལ་ཞིང་བཤགས་སོ།

KU SUNG TUK DANG TSAWA YENLAK KI TAMTSIK
NYE TUNG TAMCHE TÖL SHING SHAKSO

固松圖 當擦哇 炎拉記當企 涅東當切托興夏梭

尊前發露並懺悔，所犯身口意三門、根本支戒三昧耶、一切毀墮與缺誤。

སྡིག་སྒྲིབ་བག་ཆགས་དྲི་མའི་ཚོགས་རྣམས་
བྱང་ཞིང་དག་པར་མཛད་དུ་གསོལ།

DIK DRIP PAK CHAK TRIME TSO NAM
CHANG SHING DAKPAR DZE TU SÖL

帝哲帕洽赤美措南 羌興達帕則都所

祈尊清除並清淨，惡業、障蔽與串習。

【附錄三】金剛薩埵六字心咒

ༀ་བཛྲ་སཏྭ་ཧཱུྂ།

OM BENZAR SATTO HUNG

唵 班雜 薩埵 吽。

【附錄四】三十七支供養

ༀ་བཛྲ་བྷུ་མི་ཨཱཿཧཱུྃ།

OM BENZAR BHUMI AH HUNG

唵 班雜布米阿吽

唵 班雜布米阿吽（金剛地）

གཞི་ཡོངས་སུ་དག་པ་དབང་ཆེན་གསེར་གྱིས་ས་གཞི།

SHI YONG SU TAKPA WONG CHEN SER KYI SA SHI

西用蘇 達巴翁千 色記薩昔

大自在金剛地基（寬廣有力的純淨金色地基）

ༀ་བཛྲ་རེ་ཁེ་ཨཱཿཧཱུྃ།

OM BENZAR REKHE AH HUNG

唵 班雜日克阿吽

唵 班雜日克阿吽（金剛外圍）

ཕྱི་ལྕགས་རི་འཁོར་ཡུག་གིས་བསྐོར་བའི་དབུས་སུ་ཧཱུྃ།

CHI CHAK RI KHOR YUK KI KHOR WE U SU HUNG

企架日括 裕記過威 烏蘇吽

外鐵圍山所繞（外圍鐵山環繞著種子字「吽」）

རིའི་རྒྱལ་པོ་རི་རབ།

RI'I GYELPO RIRAP

日以 皆玻日繞

中間須彌山王（中央）

ཤར་ལུས་འཕགས་པོ།

SHAR LU PHAKPO

夏呂帕玻

東勝身洲

ལྷོ་འཛམ་བུ་གླིང་།

LHO DZAMBU LING

霍臧布林

南贍部洲

ནུབ་བ་ལང་སྤྱོད།

NUP BALANG CHO

努巴浪邱

西牛賀洲

ཨང་སྒྲ་མི་སྙན།

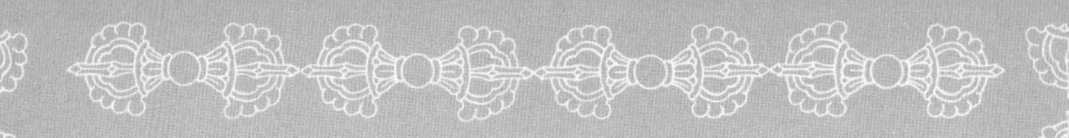

CHANG DRA MINYEN

蔣札彌年

北俱盧洲

ལུས་དང་ལུས་འཕགས།

LU DANG LU PHAK

呂當 呂帕

身及勝身（向東）

རྔ་ཡབ་དང་རྔ་ཡབ་གཞན།

NGAYAP DANG NGAYAP SHEN

俄亞當 俄亞先

拂及妙拂（向南）

གཡོ་ལྡན་དང་ལམ་མཆོག་འགྲོ།

YO DXEN DANG LAM CHOK DRO

游顛當 拉邱卓

動盪及勝道行（朝西）

སྒྲ་མི་སྙན་དང་སྒྲ་མི་སྙན་གྱི་ཟླ།

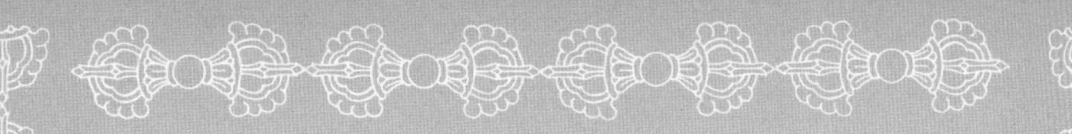

DRA MINYEN DANG DRA MINYEN KI DA

札彌年當 札彌年記達

俱盧及俱盧月（朝北）

རིན་པོ་ཆེའི་རི་བོ།

RINPOCHE RIWO

仁波切日哦

眾寶山

དཔག་བསམ་གྱི་ཤིང་།

PAKSAM KYI SHING

巴薩計興

如意樹

འདོད་འཇོའི་བ།

DÖ JÖ'IBA

敦君以巴

滿欲牛

མ་མོའི་པའི་ལོ་ཐོག

MAMÖ PE LOTOK

嘛莫貝洛朵

自然稻

འཁོར་ལོ་རིན་པོ་ཆེ།

KORLO RINPOCHE

括洛仁波切

輪寶

ནོར་བུ་རིན་པོ་ཆེ།

NORBU RINPOCHE

諾布仁波切

珠寶

བཙུན་མོ་རིན་པོ་ཆེ།

TSUNMO RINPOCHE

尊摩仁波切

妃寶

བློན་པོ་རིན་པོ་ཆེ།

LÖNPO RINPOCHE

倫波仁波切

臣寶

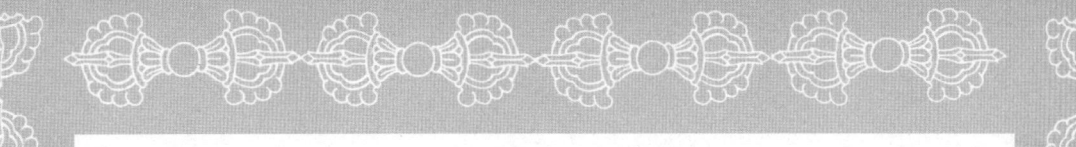

གླང་པོ་རིན་པོ་ཆེ།

LANGPO RINGOCHE

浪波仁波切

象寶

རྟ་མཆོག་རིན་པོ་ཆེ།

TACHOK RINPOCHE

達邱仁波切

馬寶

དམག་དཔོན་རིན་པོ་ཆེ།

MAPÖN RINPOCHE

瑪奔仁波切

將軍寶

གཏེར་ཆེན་པོའི་བུམ་པ།
TERCHEN PÖ'I PUMBA
迭千波以奔巴
寶藏瓶

སྒེག་པ་མ།
GEKPA MA
給帕瑪
嬉女

ཕྲེང་བ་མ།
TRENGWA MA
昌哇瑪
鬘女

གླུ་མ།
LU MA
魯瑪
歌女

གར་མ།
K AR MA
噶瑪
舞女

མེ་ཏོག་མ།
METOK MA
美朵瑪
華女

བདུག་སྤོས་མ།
DUPÖ MA
杜玻瑪
香女

སྣང་གསལ་མ།
NANGSEL MA
囊瑟瑪
燈女

ཏྲི་ཆབ་མ།

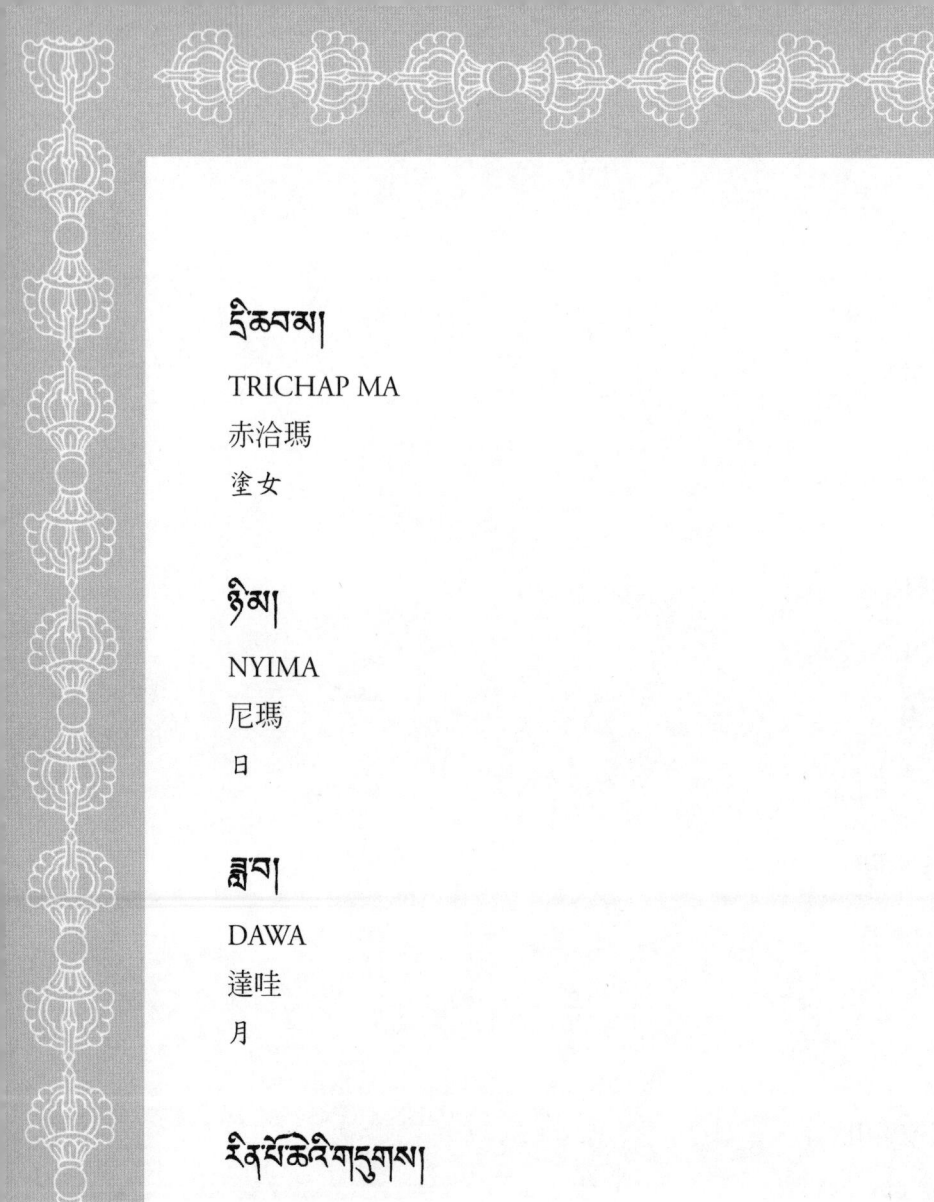

TRICHAP MA

赤洽瑪

塗女

ཉི་མ།

NYIMA

尼瑪

日

ཟླ་བ།

DAWA

達哇

月

རིན་པོ་ཆེའི་གདུགས།

RINPOCHE'I DUK

仁波切以杜

眾寶傘

ཕྱོགས་ལས་རྣམ་པར་རྒྱལ་བའི་རྒྱལ་མཚན།

CHOKLE NAMPAR GYELWE GYELTSEN

邱類南巴 皆威皆趁

尊勝幢

ལྷ་དང་མིའི་དཔལ་འབྱོར་ཕུན་སུམ་ཚོགས་པ་མ་ཚང་བ་མེད་པ་
འདི་ཉིད་རྩ་བ་དང་བརྒྱུད་པར་བཅས་པའི་དཔལ་ལྡན་བླ་མ་དམ་པ་
རྣམས་དང་ཡི་དམ་དཀྱིལ་འཁོར་གྱི་ལྷ་ཚོགས་སངས་རྒྱས་དང་བྱང་ཆུབ་
སེམས་དཔའི་ཚོགས་དང་བཅས་པ་རྣམས་ལ་དབུལ་བར་བགྱིའོ།

LHA DANG MI'I PELJOR PUNSUM TSOKPA MATSANGWA
MEPA DI NYI TSA WA DANG GYUPAR CHEPE PELDEN LAMA
DAMPA NAM DANG YIDAM KHYIL KHOR KYI LHA TSOK
SANGYE DANG CHANGCHUP SEMPE TSOK DANG CHEPA
NAM LA BUL WAR GYI'O

拉當彌意 貝久菩松 措巴 瑪蒼哇 美巴迪尼 擦哇當

居巴皆比 巴登喇嘛 當巴南當 依當企括 記拉措

桑皆當 蔣去森北 措當切巴 南拉布瓦吉喔

其中人天 圓滿富樂 無不具足

以此奉獻 根本傳承 諸勝恩師 本尊眷屬

曼達主尊 諸佛菩薩 諸天聖眾

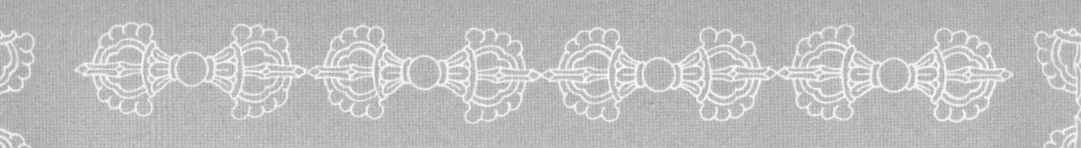

ཐུགས་རྗེས་འགྲོ་བའི་དོན་དུ་བཞེས་སུ་གསོལ།

TUKJE DROWE TÖN DU SHE SU SÖL

突傑卓威敦杜 些蘇索

為利眾生 願哀納受

བཞེས་ནས་བྱིན་གྱིས་བརླབ་ཏུ་གསོལ།

SHE NE CHIN KYI LAP TU SÖL

謝涅僅記 拉杜索

願受已加持 他有情眾

【附錄五】四句供養文

SA SHI PÖ KYI CHUK SHING METOK TRAM

薩西波及具興美多章

香塗地基妙花敷，

RI RAP LING SHI NYI DE GYENPA DI

日熱玲西尼得間巴地

須彌四洲日月嚴，

SANGYE SHING TU MIKTE PULWA YI

桑皆星度米得普瓦宜

觀為佛土以奉獻，

DRO KUN NAMDAK SHING LA CHÖPAR SHO

卓棍南答星拉卻巴修

眾生咸受清淨剎。

ཨི་དམ་རཏྣ་མཎྜལ་ཀཾ་ནིརྻཱ་ཏ་ཡཱ་མི།

IDAM RATNA MANDALA KAM NIRYATA YAMI

依當 熱納 曼達拉康 尼亞他亞米

依當 熱納 曼達拉康 尼亞他亞米

【附錄六】蓮師七句頌

HUNG ORGYEN YUL KYI NUB CHANG TSAM
吽 烏金佑記奴將倉
吽！烏金淨土西北隅，

PEMA KESAR DONGPO LA
貝瑪給薩東波拉
降生蓮花胚莖上，

YAMTSEN CHOK KI NGÖDRUP NYE
央參秋記虐竹涅
勝妙悉地成就尊。

PEMA JUNGNE SHESU TRA
貝瑪岡涅些蘇札
稱揚聖名蓮花生，

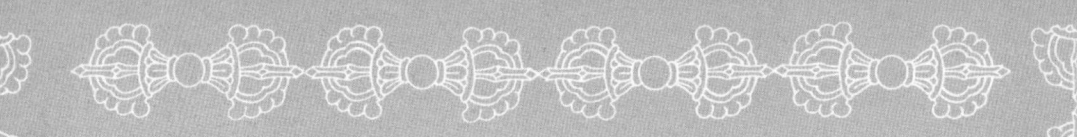

འཁོར་དུ་མཁའ་འགྲོ་མང་པོས་བསྐོར༈

KOR DU KHANDRO MANGPÖ KOR
括都康卓芒波括
圍繞如海空行眷，

ཁྱེད་ཀྱི་རྗེས་སུ་བདག་བསྒྲུབ་ཀྱི༈

KHYE KYI JESU DA DRUP KYI
切記結蘇達竹記
我今發心如尊行。

བྱིན་གྱིས་རློབས་ཕྱིར་གཤེགས་སུ་གསོལ༈

CHIN KYI LOP CHIR SHEK SU SÖL
欽記羅企些蘇梭
請速降臨賜加持。

གུ་རུ་པདྨ་སིདྡྷི་ཧཱུྃ༈

GURU PEMA SIDDHI HUNG
咕如貝瑪悉地吽
咕如貝瑪悉地吽

【附錄七】金剛上師蓮師心咒

ༀཨཱཿཧཱུྃབཛྲགུརུཔདྨསིདྡྷིཧཱུྃཿ

OM AH HUNG VAJRA GURU PEMA SIDDHI HUNG

唵 阿 吽 班雜 咕如 貝瑪 悉地 吽

成佛之道
殊勝證悟道前行法

The Excellent Path to Enlightenment

【本　續】蔣揚・欽哲・旺波 Jamyang Khyentse Wangpo
【開　示】頂果欽哲法王 Dilgo Khyentse Rinpoche
【總召集】賴聲川　【譯　者】楊書婷
【審　定】蓮師中文翻譯小組（賴聲川、丁乃竺、劉婉俐、楊書婷、項慧齡）

目錄

〈殊勝證悟道前行簡軌〉 1
　　本續與綱要 ——— 1
　　附錄 ——— 18

〔中文版序〕藏傳佛教寧瑪巴傳承／雪謙冉江仁波切 ——— 5
〔中文版序〕體驗頂果欽哲法王的慈悲智慧／賴聲川 ——— 14
〔作者簡介〕頂果欽哲法王簡傳 ——— 16

第一章　共的前行 23
　　導論 ——— 24
　　六共前行 ——— 27

第二章　不共前行 47
　　皈依 ——— 49
　　菩提心・證悟想 ——— 59
　　金剛薩埵 ——— 77
　　曼達供養 ——— 91
　　上師相應 ——— 102

第三章　結論 117
　　三善法 ——— 118

　　英文版後記 ——— 125
　　譯者後記 ——— 126
　　詞彙解釋 ——— 130
　　相關資源 ——— 137

〔中文版序〕

藏傳佛教寧瑪巴傳承

雪謙冉江仁波切

　　有一部分的佛法義理與修持方法，早在西元五世紀已傳至西藏邊區。然而，直到西元八世紀藏王赤松德贊（King Trisong Detsen，生於西元七四二年）迎請印度堪布寂護大師（Shantarakshita），隨後又請了無比殊勝的密乘上師蓮花生大士（Padmasambhava）入藏，才使佛法正式在西藏大傳。

　　根據《涅槃經》（Sūtra of Final Nirvana）及其他授記的記載，釋迦牟尼佛在行將涅槃之際曾經表示，由於此生以人身出世，因此未能廣傳密續的祕密法教。但他預言將在十二年後，以神通降生的方式再度來世，以傳密法。這次轉世便是蓮花生大士，他從阿彌陀佛的心間化生，以八歲孩童的身形神奇地示現在鄔底亞納（Uddiyana）達納寇夏湖（Danakosha Lake）的一朵蓮花之上。

　　當因札菩提國王（King Indrabodhi）宣告要他繼承王位之時，蓮師明瞭治理鄔底亞納王國無法利益眾生。

於是決意以干犯眾怒的作為，減少國王與大臣們對他的執著眷戀，因而遭到流放。他來到了印度的八大尸陀林（墓地）修習瑜伽行。他知道，若要利益一般凡眾，就必須遵循經由學習與修持之修道上的正規次第，因此他從空行母萊奇‧汪嫫（Dakini Lekyi Wangmo）處領受灌頂，並朝禮了八大持明者，得到八大嘿魯嘎（Eight Herukas）與大圓滿的傳承。

於後，他轉化了札霍（Zahor）王國的信仰，攝受公主曼達拉娃（Mandarava）為法侶，並在瑪拉替卡洞穴（Maratika Cave）證得不死虹身。之後他又教化了鄔底亞納王國，並在印度的金剛座（Vajrasana）駁倒外道諸師，接著在尼泊爾的阿蘇拉洞穴（Asura Cave）獲得無上證悟。在前往西藏途中，他又降伏了一切邪魔，並令他們立誓成為佛法教護。

蓮師入藏後，五年內便建成桑耶寺的任運自顯洲殿（Spontaneously Arisen Temple of Samye）。在青浦的山洞（Cave of Chimphu）中，他為以赤松德贊王為首的八位弟子灌頂，帶領他們進入了寂靜尊與忿怒尊的壇城，並授予他們金剛乘各次第的完整法教。

蓮師大多數的法教皆由耶喜‧措嘉（Yeshe Tsogyal）或他自己寫下，並以神通力封緘於各處，如寺廟、聖

像、岩石、湖泊、甚至空中,成為無數的「伏藏」(*gter ma*)。他將這些伏藏一一託付予特定的弟子,並預示這些弟子將會轉世成為伏藏師(*tertös*,德童)或取寶者(treasure – finders),在特定時空下將由封藏處取出這些法教以利益眾生。當適當機緣來臨時,伏藏師便會有禪觀(vision)或徵示,指示他在哪裡以何種方式可取出有緣的伏藏。伏藏通常是以象徵性的空行文字寫成,伏藏師目睹之後便能寫下整函完整的法教。至於所謂的「心意伏藏」(mind treasures),則無實物上的出土,而是在伏藏師的心中生起。幾個世紀以來,已經有數百位伏藏師出世。即使在當代,蓮師的伏藏法教仍持續被敦珠法王(Dudjom Rinpoche)、頂果・欽哲法王等偉大的上師取出。這類的法教,有時被稱為「近傳承」,與經典文字(*bka'ma*)的「遠傳承」相輔相成,是從本初佛、普賢王如來、經由蓮師、無垢友(Vimalamitra)、以及其他偉大的持明者,未有間斷地師徒相傳至今。至於第三種的「淨相」(*dag snang*)傳承,則是蓮師親現伏藏師面前口傳的法教。

在蓮師的指導之下,上百位的印度班智達與相同數目的西藏譯師,將全數的佛經與大部分的印度論典譯成藏文,史稱「前譯」或「舊譯」(*snga'gyur*)時期。而

這段時期勃興豐富的精神傳承豐富的精神便被稱為「舊譯派」、或寧瑪派（rnying ma）。儘管後來在藏王朗達瑪（King Langdarma）的迫害下，寺廟傳統幾乎被摧毀殆盡，但寧瑪派的法脈卻經由高度證悟的在家瑜伽士傳承而得以延續。

到了西元十世紀末，佛法在印度漸趨衰微，出現了由大譯師仁千・桑波（Rinchen Sangpo，957-1055）帶領的第二波譯經風潮。其後陸續出現的各種傳承被稱為「新譯派」（gsar ma），包括噶當派（和其後發展成的格魯派）、薩迦派、噶舉派、香巴噶舉、施身法暨希解派（Chöand Shije）、時輪金剛（Kalachakra）、與烏金念竹（Ugyen Nyendrub）等傳承。這些新、舊教派的傳承，通稱為「八大修道車乘」。

蓮師的傳承包括了完整的經乘與密咒乘傳統，所分列的九乘當中，囊括了佛法義理與修持的所有層面。儘管一切的法教與修道的目標皆一，但因有情眾生習性與根器不同，佛法就有證得佛果的諸多修道與法乘。這也是何以佛陀與所有依止佛陀的成就上師，會根據不同需要而教導不同方法的緣故。

寧瑪派共有九大證悟法門（或稱「九乘」）。九乘並非分別而不同的修行方式！而是依序而漸次、互通而相

含。猶如萬流歸一海，諸道達一頂，諸乘最終都相融合一於成佛的頂峰，證得大圓滿的光明金剛心（*'od gsal rdo rje snying po*）。這九乘也可精簡為三乘：小乘、大乘、金剛乘。

小乘法門的根基是出離心。修持的發心是為了自我解脫。單獨來看時，或許可被稱為「小乘」（lesser vehicle）；而當與三乘的修道整體合一時，則被視為是「根基乘」（basic vehicle）。

大乘行者的發心則是為了利益他人，希望解脫他人的痛苦，引領眾生成佛。在許多基本層面上，大乘都遠較小乘殊勝。菩薩了知個人與一切現象皆無自性，因而將所有現象視為如夢或如幻。然而，他對於究竟真理（勝義諦）的了解並不會使他忽略了相對真理（世俗諦），仍舊以慈心與悲心，圓滿地依止業果法則，持守言行。為了一切受苦眾生，誓言為利眾生而證悟的菩薩，生起無盡慈悲，孜孜不倦地利益眾生。但他慈悲與智慧雙運，證得離於執著的究竟自性，使他安住於無別勝義諦的廣大平等中。

金剛乘的法門是以「淨觀」為基礎，發願以善巧方便的修持，迅速讓自身與他眾離於一切妄念。大乘主張佛性猶如種子或潛藏力一般，眾生盡皆具足。金剛乘則

認為佛性是以智慧或本覺,也就是心的無染面與根本性,現前具足。因此,大乘又稱為「因乘」,金剛乘則是「果乘」。如同所謂:「在因乘中,心性為佛果之因;而在果乘中,心性即是成佛果。」由於修道的「果」——佛果,本自具足,行者只需確認此心或除去心的障蔽。金剛乘的入門就是由傳法上師所授予的灌頂(abhiseka),旨在授權行者得以修持金剛乘法教,並因而圓滿共(一般)與不共(殊勝)的成就。

蓮師的傳承由他的二十五位大弟子、五位法侶、八十位耶巴(Yerpa,譯注:括號內皆為當時西藏的地名)的成就者、一百零八位「曲沃瑞」(Chuwori)的大禪定師、三十位「揚炯」(Yangzom)的密咒師(mantrikas)、五十五位「雪札」(Sheldrak)的證悟者(togdens)、二十五位空行母、七位瑜伽女,以及無數弟子所延續。他們傳出了許多重要的修持傳承,例如以蘇波・巴吉、耶謝(Sopo Palkyi Yeshey)、素・釋迦・炯乃(Zur Shakya Jungney)、努・桑傑・耶喜(Nub Sangye Yeshe)和娘・加納・庫瑪拉(Nyak Jnana Kumara)等上師開啟傳承。幾個世紀以來,包括戎炯・瑪哈班智達(Ronzom Mahapandita)、至尊龍欽・冉江(Gyalwa Longchen Rabjam)、敏林・德欽(Minling Terchen)、敏

林‧洛欽（Minling Lochen）、米滂上師（Lama Mipham）等偉大的持教明燈，都闡述了佛法義理與修持法門最為深奧的部分。上百位主要與千位次要的伏藏師，如五大伏藏法王（five kingly tertös）與十一位林巴們（ling-pas），發掘並傳授了適於他們時代最為深奧的法教。

所有伏藏師的「大印」（Seal），被認為是蔣揚‧欽哲‧旺波（Jamyang Khyentse Wangpo，1820-1892）。他在某次禪觀中，清楚地見到埋藏在西藏以及其他國家的所有伏藏。他是西藏歷史唯一領受並且傳授「七部藏」（bka'babs bdun）的上師，分別為佛經、岩藏、封藏（reconcealed treasures）、意藏、全集、淨相、以及得自禪觀的口耳傳承。

蔣揚‧欽哲‧旺波與蔣貢‧康楚‧羅卓‧泰耶（Jamgön Kongtrul Lodrö Thaye, 1813-1899）、巴楚仁波切（1808-1887）、米滂上師（1846-1912）是十九世紀興起的不分教派（利美）運動的主要倡導者。他花了十三年的時間，毫不懈怠地走訪西藏各地，領受上千種不同傳承的佛法修持，許多是瀕臨失傳的教法。他謙遜地徒步尋訪，身上背著一只背袋，據說還穿破三雙靴子。他與蔣貢‧康楚便將這些蒐集到的重要法教集結、編纂、印製成幾部重要的大論著。這些偉大的上師拯救了藏傳佛

教的傳承,使它不致衰敗而重現活力。他們將活生生的法脈傳承,交予未來的世代,若無他們的傳承,經典文字將徒留表象而已。蔣揚‧欽哲‧旺波在四十歲時開始終生的閉關,直到七十三歲圓寂為止,都不曾踏出他的關房。

頂果欽哲仁波切

　　頂果‧欽哲仁波切生於西元一九一〇年。初生時,米滂仁波切曾為他加持,據說這次加持,是他此生最為重要的事情。頂果‧欽哲仁波切年少時來到寧瑪派六大寺廟之一的雪謙寺,遇到了根本上師雪謙‧嘉察仁波切(Shechen Gyaltsap Rinpoche,1871-1926),上師正式認證他為蔣揚‧欽哲‧旺波的心意轉世,為他舉行坐床大典,並授予他無數的法教。在雪謙寺,他也遇到了第二位主要的上師蔣揚‧欽哲‧卻吉‧羅卓(Jamyang Khyentse Chokyi Lodro),當時後者恰好來到雪謙寺領受雪謙‧嘉察仁波切的教法。

　　欽哲仁波切內在修證高深、非凡,已成為精神導師的典範,他是所有遇見他的人慈愛、智慧與悲心的泉源。欽哲仁波切以超過二十年的光陰,在偏遠的隱蔽處

與洞穴中閉關，證得這些殊勝的功德。在多次閉關之後與之間的空檔，他不眠不休地利益眾生。他是達賴喇嘛尊者、不丹皇家和無數弟子的主要上師。他因而成為上師中的上師。他對於藏傳佛教文學的淵博學識，無與倫比。他也繼承了蔣揚‧欽哲‧旺波存續所有傳承教典的志業，尤其是那些瀕臨斷絕的法教。

雖然欽哲仁波切非常溫和、安忍，但在他的跟前，面對他寬廣的心性與威嚴的身形，讓人不禁心生敬畏。仁波切於一九九一年圓寂，一九九二年十一月在不丹的帕洛（Paro）附近舉行荼毘大典，約有五萬人參與了這場聖會。欽哲仁波切完全身教合一。雖然他的心看來似乎深不可測、廣不可量，但從凡夫的角度來看，他的確是個非比尋常的好人。他唯一的關注即是他人當下與究竟的福祉。對於任何想要踏上證悟之旅的人來說，他就是修道盡頭、最具啟發的鮮活範例。

二○○三年三月於印度雪謙寺

〔中文版序〕

體驗頂果欽哲法王的慈悲智慧

賴聲川

　　頂果‧欽哲仁波切是二十世紀最偉大的藏傳佛法修行者與老師之一。這一位尊貴的大圓滿修行者及「伏藏者」，同時也是極著名的詩人、學者，及哲學家。話說「只要見到他的面孔就能夠保證未來的解脫。」

　　前年，我有緣翻譯欽哲仁波切的傳記。自從《頂果欽哲法王傳》出版以來，得到很大的迴響，不論是佛弟子或第一次接觸藏傳佛法的讀者，都被書中的文字和精彩的圖片所感動，被引領至另外一個世界中。

　　之後，在雪謙‧冉江仁波切和馬修‧李卡德的帶領之下，我們在台灣成立了蓮師翻譯小組（Padmakara Translation Group）之中文翻譯小組，決定用中文出版頂果‧欽哲仁波切之所有著作。在小組所有同仁共同努力之下，已經有初步的成績，今年能夠為讀者獻上《證悟者的心要寶藏》和《成佛之道——殊勝證悟道前行法》兩本珍貴的法教，讓讀者體驗頂果‧欽哲仁波切開示之廣大與慈悲。

我此生有幸與欽哲仁波切結緣，親自體驗他全身隨時散發出來的龐大慈悲力量。那種感動，讓我受用一生。相信透過本書文字，讀者也能得到相同的啓發。

　　　　　（本文作者為頂果欽哲法王文選 總召集）

〔作者簡介〕

頂果欽哲法王簡傳

頂果欽哲法王是最後一代在西藏完成教育與訓練的偉大上師之一。他是古老的寧瑪巴傳承的主要上師之一，是實修傳承的傑出持有者。在他一生中，曾閉關二十二年，證得許多受持法教的成就。

他寫下許多詩篇、禪修書籍和論釋，更是一位伏藏師——蓮師埋藏之甚深法教「伏藏」的取寶者。他不僅是大圓滿訣竅的指導上師之一，也是窮畢生之力尋獲、領受和弘傳數百種傳承的持有者。在他那個世代中，他是利美運動（不分派運動）的傑出表率，以能依循每一教派本身的傳承來傳法而聞名。事實上，在當代上師中，只有少數人不曾接受過他的法教，包括至尊達賴喇嘛等多數上師都敬他為根本上師之一。

集學者、聖哲、詩人和上師之師於一身，仁波切以他的寬容大度、簡樸、威儀和幽默，從未停歇對緣遇人們的啟迪。頂果欽哲仁波切於一九一〇年出生在東藏的丹柯河谷（Denkhok Valley），其家族是西元九世紀赤松

德贊王的嫡系,父親是德格王的大臣。當他還在母親腹中時,即被著名的米滂仁波切指認為特殊的轉世。後來米滂仁波切將他取名為札西‧帕久（Tashi Paljor）,並賜予特殊加持和文殊菩薩灌頂。

仁波切幼年時便表現出獻身宗教生活的強烈願望,但他的父親另有打算。由於他的兩位兄長已離家投入僧侶生涯:一位被認證為上師轉世,另一位想成為醫師,仁波切的父親希望最小的兒子能繼承父業。因此當仁波切被幾位博學大師指認為上師轉世時,他的父親無法接受他也是祖古（*tülku*）——上師轉世——的事實。

十歲那年,這個小男孩因嚴重燙傷而病倒,臥床幾達一年。多聞的上師們都建議,除非他開始修行,否則將不久人世。在眾人懇求之下,他父親終於同意這個小孩可以依照自己的期盼和願望來履行使命。

十一歲時,仁波切進入東藏康區的雪謙寺,這是寧瑪派六大主寺之一。在那裡,他的根本上師,米滂仁波切的法嗣雪謙‧嘉察,正式認證他為第一世欽哲仁波切——蔣揚‧欽哲‧旺波的意化身,並為他舉行座床典禮。蔣揚‧欽哲‧旺波（1820～1892）是一位舉世無雙的上師,與第一世蔣貢‧康楚共同倡導全西藏的佛教文藝復興運動,所有當今的西藏大師都從這個運動中得到

啟發與加持。

「欽哲」意即智慧與慈悲。欽哲傳承的轉世上師是藏傳佛教發展史上的幾位關鍵人物，其中包括赤松德贊王、九世紀時與蓮師一起將密法傳入西藏的無垢友尊者、密勒日巴尊者弟子暨噶舉派祖師的岡波巴大師（Gampopa）、十八世紀取出龍欽心髓（Longchen Nyingthig）的吉美林巴尊者等。

在雪謙寺時，仁波切有很多時間住在寺廟上方的關房，跟隨其根本上師學習與修行。在這段期間內，雪謙‧嘉察授予他所有寧瑪派的主要灌頂和法教。仁波切也向其他許多大師學習，包括巴楚仁波切著名的弟子卓千堪布賢嘎。堪布賢嘎將自己的重要著作《十三部大論》（*Thirteen Great Commentaries*）傳給他。他總共從超過五十位上師處得到廣泛的法教與傳法。

雪謙‧嘉察圓寂前，欽哲仁波切向他敬愛的上師許諾：他將無私地教導任何請法之人。此後，從十五歲到二十八歲間，他大多數的時間都在閉嚴關，住在偏遠的關房和山洞裡，有時只住在離出生地丹柯河谷不遠山區裡突出山岩的茅棚中。

頂果‧欽哲仁波切後來伴隨宗薩‧欽哲‧卻吉‧羅卓（1896～1959）多年，他也是第一世欽哲的轉世之

一。從卻吉・羅卓處接受了《大寶伏藏》(Rinchen Ter-dzö)的許多灌頂之後，仁波切表示他想將餘生用於閉關獨修。但卻吉・羅卓回答：「這是你將所領受的無數珍貴法教傳下、授予他人的時候了。」從此，仁波切便孜孜不倦地為利益眾生而努力不懈，成為欽哲傳承的標竿。

離開西藏後，欽哲仁波切遍歷喜瑪拉雅山區、印度、東南亞及西方各地，為眾多弟子傳授、講解佛法，多半由妻子桑雲・拉嫫（Sangyum Lhamo）和孫子暨法嗣的冉江仁波切（Rabjam Rinpoche）隨侍在旁。

不論身處何地，仁波切總是在黎明前起床，祈請、禪修數小時後，再開始一連串活動，直到深夜。他能夠安詳自在地完成一整天的沈重工作。無論他做什麼——他可以同時處理幾樣不同的工作——似乎都與他自然流露的見、修、行一致。他的弘法與生活方式已和諧地融為一體，渾然融入了修行道上的各個階段中。他也廣作供養，一生中總共供了一百萬盞酥油燈。所到之處，他也資助許多修行者和有需要的人們，其謹嚴的態度，只有極少數的人知道他所做的善行。

仁波切認為在聖地建塔興寺有助於防止戰爭、疾病與饑荒，並能促進世界和平，提升佛教的價值與修行。

在不丹、西藏、印度及尼泊爾，他不屈不撓地啟建、重修了許多佛塔與寺院。在不丹，他依照先前為國家和平所做的預言，建造了數座寺院供奉蓮師，並蓋了一些大佛塔。漸漸地，他成為全不丹人，上至皇室下至平民最尊敬的上師之一。近幾年，仁波切重返西藏三次，重建並為毀於文革時期的雪謙寺開光，且以各種方式捐助修復了兩百間以上的西藏寺院，尤其是桑耶寺、敏珠林寺（Mindroling）和雪謙寺。在印度，他也在佛陀成道的菩提樹所在地菩提迦耶建了一座新塔，並計畫在北印度其他七處和佛陀有關的偉大聖地建塔。

在尼泊爾，他將豐富的雪謙傳統搬入新家——位於波納斯大佛塔（stupa of Bodhnath）前的一座宏偉寺院。此寺成為他的主要駐錫地，可容納住持冉江仁波切所領導的眾多比丘。欽哲仁波切有一個特別的願望，希望這座寺院能成為以原有純淨傳承來延續佛法的道場，如同他們先前在西藏所學習、修行般。他也投注相當大的心力教育傑出的年輕上師，使其能擔負延續傳統之大任。

西藏的佛書與圖書館歷經大規模的破壞之後，很多著作都只剩下一、兩個副本。仁波切花了多年時間，儘可能印行西藏佛法的特殊遺產，總共印製了三百函，包括蔣貢康楚的《五寶藏論》(*five treasures of Jamyang*

Knogtrul）。直到晚年，仁波切都還在尋訪他尚未得到的傳承，並傳授弟子他所持有的傳承。終其一生，在數不盡的法教中，他曾傳授兩次一百零八函的《甘珠爾》（*Kangyur*），以及五次六十三函的《大寶伏藏》。

　　他在一九七五年首度造訪西方，此後又造訪多次，包括三趟北美之行，並在許多國家傳法，尤其是在他歐洲的駐錫地，位於法國多荷多的雪謙・滇尼・達吉林（Shechen Tennyi Dargyeling）。在那裡，來自世界各地的弟子都從他身上獲得了廣泛的法教，有幾批弟子也在他的指導下開始傳統的三年閉關修行。

　　透過他廣大的佛行事業，欽哲仁波切不吝地奉獻全部生命於維續、弘揚佛法。讓他最感欣慰的事，就是看到人們實修佛法，生命因發起菩提心和悲心而轉化。

　　即使在生命的最終幾年，欽哲仁波切非凡的精神與活力也甚少受到年歲的影響。但在一九九一年初於菩提迦耶弘法時，他開始示顯生病的初步徵兆。然而，在結束所有教學課程後，他仍繼續前往達蘭莎拉（Dharamsala），順利地以一個月的時間，將一系列重要的寧瑪派灌頂和法教傳給至尊達賴喇嘛，圓滿後者多年的祈請。

　　回到尼泊爾後，正值春季，他的健康持續惡化，許多時間都花在默默祈請與禪修中，每天只保留幾小時會

見需要見他的人。後來他決定前往不丹，在蓮師加持的重要聖地「虎穴」（Paro Taktsang）對面閉關三個半月。

閉關結束後，仁波切探視幾位正在閉關的弟子，開示超越生死、超越任何肉身化現的究竟上師之意。不久後，他再度示現病兆。一九九一年的九月二十七日夜幕低垂時，他要侍者幫助他坐直。次日凌晨，他的風息停止，心識融入究竟空性之中。

第一章
共的前行

導論

由於不同根器的眾生有各種的需求和祈願，佛陀於是傳下了許多不同的法門，大致上可以分為兩大類：小乘與大乘。後者其實包含了前者，兩者之間也沒有任何牴觸；它們都能引領我們到達解脫與究竟的證悟。

大乘的法門儘管如此浩瀚無盡，經由諸多上師精煉後的闡述，已然有了包含深義而又易於修行的相關指導。這些開示的精髓要點，在於止息令我們痛苦的三毒：瞋恨、貪著、愚癡，並以眾生的究竟安樂做為一切行止的依據。

發願成就自身以便成就他人的誓願，我們稱之為證悟想（the thought of enlightment）或菩提心。這意味著，無論哪種單一的行為、言語或思緒，即使是最不起眼的細節，也都要為一切眾生的福祉著想。當你真正生起這種利他之願，證悟想便會毫不費力地出現。當這樣的心願逐漸堅定之後，你便具足了修行所有道乘的根基。無論你修行的是哪一個

法門——中觀①、大手印②或大圓滿③——都將自然成熟，結為果實。

讓自己沈浸於法教的涵義之中，日復一日，月復一月，如此一來，便能毫無困難地培養出菩薩的修行功德，猶如蜜蜂在花叢中蒐集花蜜，儲存於蜂巢中而成為蜂蜜一般。

在上師傳予法教或弟子聆聽法教之前，必須先生起證悟想，並祈願自己能夠領受過去、現在、未來諸佛與一切印度、西藏上師的加持。

我們的動機影響著行為，正如灌溉渠道引水而行。若我們隨時都以想要解除他人痛苦的發心來指引行為，這樣的心願終會圓滿。但如果我們漠視這個偉大的理想，反將自己受限於追求長壽、舒適、富足的生活，或許我們會得到這些——但當然也只有這些而已。重要的是，我們不該將自己的生命耗費於虛榮或不重要的目標上。

在我們剛踏上修行道時，尚未具備幫助他人的能力。為了成就他人的福祉，必先經由清淨心念與轉化心念來成就自身。這便是我們稱之為「前行」修持的目標所在，此乃是為精神道上的所有進展打

① 中觀，不落於常見與斷見兩種極端的見解（恆存主義與虛無主義）而稱之為「中」，乃西元二、三世紀龍樹菩薩根據佛陀開示之空性智慧所成的一種觀察與分析現象緣起的方式，其撰有著名的《中觀論頌》，之後由月稱菩薩加以闡述而成《入中論》，被視為佛法義理的究竟見解。書中另外提到的「大」中觀，意思是一切現象的自性皆可如是觀之，而稱之為「大」（英文為great）。

② 大手印，藏傳佛教四大派中白派（噶舉派）的最高法門，並非以訛傳訛、用許多手印來修的便可稱之。依據藏文原文應該翻譯為「大印」即可，這裡仍沿用過去的譯名；而根據「蓮師翻譯小組」於另書上對此的解釋，「大印」意思為：究竟自性「封印」（英文為seal）於一切現象上，所有的人事物都屬於空性智慧的範疇。請看詞彙解釋 Mahamudra。

③ 大圓滿，藏傳佛教四大派中紅派（寧瑪派）的最高法門：根據「蓮師翻譯小組」於另書上對此的解釋，一切現象的自性皆然而稱之為「大」（英文為 great），「圓滿」指的是心之本性原來具足三身（法身、報身、化身）的功德：「自性為空」是為法身、「所顯為明」是為報身、「所具悲心」攝受一切是為化身。請看詞彙解釋 Dzogchen。

下基礎。或許你想捨棄這些「前行」①，修持你認為比較深奧的法教，但如果你這麼做，便是將宮殿建築在一池冰凍的湖水之上。

以下便是這個前行修法的內容說明。共有兩個部分：「外」或「共」的前行，以及「內」或「不共」的前行。

①「前行」也稱為「加行」、「預備法」、「基礎法」（preliminary practice），為藏傳佛教各大教派修法的最重要基礎，也是精神所在。「共」的加行為四派共有，「不共」的加行則各有特色；通常所稱的「四加行」，指的便是這種「不共」的加行。

六共前行

　　虔誠心乃修道成就的主要來源，故而每座修法開始時，應先觀想面前虛空之中或頭頂之上，根本上師示現為蓮花生大師的外相，智慧光耀，慈悲微笑，坐於廣大虹光中。接著，以極強烈的信心，念誦三次「喇嘛千諾！」（Lama kyeno!），也就是「上師全知尊！吾請您指導！①」祈請上師加持，讓我們得以於此生成就甚深道之圓滿了悟。於是上師放出光芒，清淨我們的無明障蔽，並令我們充滿加持。

　　接著，我們思量「外」或「共」前行之六個主題。第一，思量人身難得，以便令我們轉心向法。第二，思量死亡無常，以便令我們了知修法有多麼急迫，鞭策我們加緊努力。接著思量第三個主題：業力②的因果法則，亦即行為與結果的關係，以便令我們清楚了解業報所行。其後思量第四個主題：（輪迴③苦痛），以便幫助我們認清輪迴的虛妄狀態必然離不開痛苦。其後是第五主題（修法解脫），我們應當認清，經由領受並修持法教，能夠令我們出離

① 在此的英文翻譯為"I am in your hand"，意思是任您指示、聽命於您、由您照顧等。

② 業力：請看詞彙解釋 Karma。

③ 輪迴：請看詞彙解釋 Samsara。

赤松德贊王（King Trisong Detsen，790-844），寧瑪傳承

輪迴、究竟證悟，成就無上全知之境。最後，我們應該認清，為了成就究竟證悟，必須依止具德上師的加持與開示。

第一，人身難得且殊勝

試問自己，在地球上居住的數十億眾生當中，有多少眾生知悉生為人身之難得？在知悉人身難得的人們當中，又有多少人想到善用人身來修持佛法？其中又有多少人真正開始修行？在開始修行的人們當中，又有多少人能持續修行？在持續修行的人們當中，又有多少人成就了究竟證悟？真正成就究竟證悟者的數目，猶如在晨曦初光中所能見到的星辰那般，比起清亮夜空中所能見到的，實在少之又少。

在人類當中也有各種不同的存在狀態。有些被糟蹋在追求世間一般的事務，有些則用於精進以求證悟。這個人身也唯有當人能自由修持佛法，且具足一切暇滿因緣來修行時，才能稱為殊勝。因此為了讓我們有機會修法，我們必須離於「八無暇」①。這八種不利於修法的因緣分別為：生於地獄道、生

① 「八無暇」又稱「八難」，見聞佛法有所障難、無有閒暇。《維摩方便品》天台疏三曰：「言八難者：三惡道為三、四北鬱單越、五長壽天、六盲聾瘖啞、七世智辯聰、八佛前佛後。」

② 邪見，錯誤的見解，致使眾生更加痛苦、無法解脫的想法。

於餓鬼道、生於畜生道、生於蠻荒地、生於長壽天、邪見②者為伴、生於無佛來世的黑暗時期，或由於心智缺陷而沒有能力了解佛法。但若單單只是免於這些並不足夠。我們還需要十種有利於我們的條件——「十滿」，其中五種緣於自己，另外五種需依靠外在因素。

五種緣於自身的「內圓滿」條件為：此生能得具人身；住於法所弘揚處；具足五根諸官能；生活行為不盡然負面；以及對具德者生信心。

我們必須生為人身，因為這是唯一具有足夠痛苦、讓我們立即渴望脫離輪迴，但又不至於太過痛苦到不再有機會修法以求出離的狀態。

我們必須生於「中土」，亦即佛法仍在弘揚之處，否則我們便無緣遇見佛法並精進修持。

我們需要具備所有的感官功能，以便能聞、思、修佛法。舉例來說，若我們眼盲，則無法閱讀法教；若耳聾，則無法聆聽開示。

我們必須以正面的方式過活。如果我們的生活充斥著惡行——例如身為獵人、小偷或一輩子都在打仗的人——自然會把我們引離修行佛法的善緣，

朝著反方向而行。

我們必須對能夠指導我們走向證悟者——也就是三寶和上師——生起信仰與信心。

五種依賴他人的「外圓滿」條件爲：此「劫」① 必須有佛出現；此佛必須傳授佛法；此法必須仍存於世；此法必須有人修行；以及需有善知識② 之指導。

以上所講，乃稱爲擁有一切自由（暇）及有利條件（滿）修持佛法之暇滿人身。這就是我們所稱的「殊勝人身」。何以殊勝？因爲善用人身可以即身得到證悟。過去一切大成就者雖然生爲凡俗，但入佛門之後，跟隨具德上師，奉獻一生於修持所得法教，故能顯現大菩薩之證悟事業。

若我們一一檢視六道輪迴，可以得知，除了人道之外，其餘眾生修法的障礙實在太大。在下三道如地獄道，其痛苦強烈到眾生之心毫不可能思惟並修持法教。在天道，眾生皆能飛越天際、飲用甘露，並享用各種愉悅之物，這些條件似乎更好。然而由於這些眾生相當受到那些事物所誘惑和困擾，而且痛苦極微，他們對於輪迴從不厭倦，因此也從未想要修法。所以，如果我們不善用人身的殊勝機

① 劫：請看詞彙解釋 Kalpa。

② 善知識，修行道上的指引者，具有正確的見解而可幫助眾生解脫者。

會，便會像滾石落下山坡般毫無選擇地向下墮落。

第二，死亡及無常

　　光是具有人身還不夠。我們隨時可能因死亡而失去它。我們究竟如何死亡或何時死亡，我們完全無法確定。沒有人有辦法說：「我會活這麼多年這麼多月」或「那麼多年那麼多月。」日常生活中的任何情況，像是走路、吃飯、遊戲、渡河等，都可能成為我們的死因。

　　無常不只影響生物，外相世界也同樣受其影響。對我們來說，世界似乎十分堅固，然而在此劫終了之時，它將被火水兩大元素所摧毀。我們也可見到在一年四季之中，高山、森林與各種大地景觀逐日逐月地改變。一天中的不同鐘點，氣候、光線、眼前流動的河水，永遠都是不同的——每一瞬間過去，一切都在變化。某一時期的強大國家，其後就被別的國家征服。在一生當中，有些人富極一時，最後卻窮困潦倒。所以說，外在的現象世界，沒有任何層面是恆常或確定的。

　　為何我們必須不斷反覆思惟無常？[1]這是因為我

們具有強烈的傾向,認為自己與身處的情況都將恆常持續,以為這些事物具有某種內在的恆常性。我們因而對外在現象生起強烈的執著。這是錯誤的。相反地,若我們能不斷思惟無常,我們將有強烈的動機轉心向法。我們必須隨時清楚知道,從我們誕生的那一刻開始,就愈來愈接近死亡。死亡無可避免。隨著每日過去,壽命就會減少。當死亡降臨,就算我們再有權勢,也無法說服它等待我們。即使我們再富有,也無法賄賂它。最強大的將軍也無法派遣軍隊來抵抗它。即使我們面容姣好,也無法誘惑它。不論我們做什麼,都無法阻止死亡。

在死亡的時刻,除了佛法,沒有別的事物能幫助我們。在我們一輩子所經歷的一切恐懼中,沒有比怕死的恐懼來得強烈。因此為了準備死亡的到來,我們不應等到最後一刻再來修法。如果我們現在想要修行佛法,我們還做得到;但若在臨終時想要修法,可就沒辦法了。我們會受身體的痛苦與精神的苦楚所擊潰。那並非開始修法的時機。因此,就像聰明人未雨綢繆那般,我們應該馬上準備就緒,以修持成熟所獲的堅定來面對死亡。正如被箭

① 釋迦牟尼佛曾經開示,恆觀無常乃是對於諸佛的無上供養,恆觀無常的人將由諸佛度脫痛苦(授記必定成佛),恆觀無常的人並將受到諸佛的護祐,恆觀無常的人也將受到諸佛的加持。

尖刺心的戰士知道自己只有幾分鐘可活一般,我們不應浪費任何一刻。此時此刻,當我們健康良好並具備各種身心功能之時,就是修法的時機。別再去想「我晚一點再修法」來拖延時機。我們應該了解,對於尚未準備就緒的人來說,死亡是非常可怖的事情。我們別再以為「我還有好多年可活」。我們剛剛吃下的食物,可能有毒而使我們今晚就死了。有多少不在預期之內而造成死亡的例子。我們隨處可見這樣的例子。

無常也可見於生活中的一切層面。坐擁高位的人,可能瞬間掉落而居於低位。許多累積巨大財富的人,之後也會失去金錢。沒有人能夠永遠保持富有。強烈執著於家庭朋友的人,遲早都得與所愛分離,即使不是現在,在死時也必得分開。如果我們清楚了解死亡那無所不在的威脅,便不會希望日復一日地繼續做那些我們毫不留意就做且沒有意義的事情。

第三,業,因果法則

如果死亡不過像是一把火燒盡了、或一池水乾

涸了那樣,一切就都沒事了。如此一來,修法便無多少用處。但情況並非如此。當我們身心分離時,色身被拋棄了,心卻不斷再度投生。在那時,唯一能決定下輩子投生何處的因素,就是深印在我們意識中、從過去以來所做善行與惡行的業力相抵結果①。若惡行佔了上風,我們就會投生下三道而受其苦。若善行佔了優勢,我們就會投生上三道②。

我們不應等到躺在臨終病榻或中陰身③時,才開始考慮善行或惡行的影響。或許在那時,我們很可能會認清惡行是造成痛苦的原因,善行才能帶來快樂。但在死亡的時刻,我們能做的不多,因為業報早已集結。此時此刻,在我們還有自由來選擇何者應為、何者不應為的時候,就必須思量因果業報。如果我們以為自己可以不論善惡地做一切想做的事,並在另一方面稍稍修一些法,就能像坐飛機那樣被帶往證悟的境界,那可就大錯特錯。

在中陰身時,就算我們懊悔過去的所有惡行,也為時已晚:業行已然累積,我們像被丟到空中的石頭,沒有什麼能夠阻止我們落下。我們根本無法逆轉整個過程。因此我們必須現在就能清楚分辨善

① 在本書中、與佛經裡所指的「善」與「惡」,並非是道德法律或風俗習慣中所謂的一般善惡;而是與動機發心的清淨與否相關。行「善」不一定要去從事慈善事業,若以極大的恭敬心做少許的布施或供養,也能積聚極大的福德資糧,並在未來能使自己快樂;因此而稱為「善」。作「惡」不一定得是殺人放火的罪行,僅僅是我們對於所愛的執著、或為了爭權奪利而毀謗他人,以及任何形式的傷人作為、由負面情緒所引發的負面行為,皆能造成日後的輪迴痛苦;因而稱為「惡」。

② 上三道,或稱三善道、三善趣,分別為天道、阿修羅道或半天道、人道;下三道、或稱三惡道、三惡趣,分別為畜生道、餓鬼道、地獄道。

③ 中陰身,為介於死亡與下一個投生之間的過渡狀態。

行與惡行之別。即使一件善行看來微不足道,我們仍該去做;即使一件惡行看來細微末節,我們仍該避免。滴水長時能滿巨盆,星星之火足以燎原。同樣地,每個行為都有其果報,千萬不要以為一個小動作不會留下痕跡。

另一方面,也不應認為我們曾經為惡不善,就此永遠被貼上標籤。無論所為之惡多麼嚴重,都有被清淨的可能。沒有所謂不可清淨之惡行。因此我們必須懺悔並修復一切惡行。正如前面所說的,就因為滴水長時能滿巨盆,我們在日常生活中必須不斷經由身口意三門[1]來努力累積善行。如此將可積聚福德資糧,幫助我們面對死亡的恐懼。

善行與惡行的大小與否,並非根據其外顯的樣子來判斷。看似小的行為,也能夠輕易累積巨大的善報或惡報,一切端賴我們的發心或態度。例如以小小的方式、但極大的慈愛來幫助一個人,便能累積巨大的善報。同樣地,一個輕易脫口的簡單字語,若是用在批評一位菩薩,則將累積無量的惡報。

輪迴中的眾生一般皆處於迷妄的狀態,而這狀態又不斷產生痛苦。因此,如果我們漠視自己所做

[1] 三門,身口意,可以用來修行的三個管道。

之惡而不去清淨,既不懺悔也不修復,將逐漸累積惡業。我們將無法領受諸佛與上師的加持,也無法增長修法的證量與了悟。所以,對於善惡業行之別,我們必須隨時了然於心,並且為善避惡。

當我們早晨起床時,這麼去思惟:「我不但有好福氣能生而為人,而且我也已入佛門,得遇上師,並受法教。因此今日我將盡力遵循佛法,並且僅只行善。我這麼做,並非只是為了一己私利,而是要為一切眾生的利益著想,無一例外。」

夜晚就寢時,一一檢視當日的言行與念頭。若曾為了自己或他人行善,我們應該隨喜,並迴向功德給一切有情眾生,並祈願他們皆能因如此功德而盡皆成佛。同時也希望明日將累積更多善行。若發現自己曾做惡行,便應思惟:「我有如此殊勝的人身,能夠遇見上師,卻做出這樣的事情!」你必須生起強烈的懺悔,決心不再犯下相同的錯誤。

我們若要培養觀照自心的能力,就必須隨時檢視自己的意圖與行為。凡夫俗子於輪迴之中來來去去,甚至從未曾想過他們的惡行是不好的,也沒有想到惡行將帶來有害的結果。就算他們曾經短暫了

解,卻不放在心上,更鮮少有人會實行對治這些惡行的方法。這其實正是他們仍留在輪迴的主因。因此,我們必須時時觀照自己的意圖與行為。首先,我們必須清楚記住哪些行為不應做、哪些應該做,其次則要觀察自己是否遵循所知的善惡來行事。

為了發展堅定勤勉的觀照力,我們必須了解,目前於輪迴中的所處情境與所受的一切痛苦,不過就是過去惡行的果報。如果不停止這些惡行並繼續為之,我們也會繼續受苦。透過善行、善言、善念,我們便能獲取快樂。如果我們明白這一點,就自然會以高度警覺來時時監控自心。

第四,痛苦

我們為何要行善避惡?一般的輪迴狀況只有痛苦。我們看看輪迴諸道便可以清楚了知。下三道充斥著極為悲苦的狀態。地獄道的眾生由於怒氣與瞋恨而投生此道,承受著熱或寒①之難忍苦。餓鬼道的眾生由於貪婪與吝嗇而投生此道,有多年甚至連食物或水都沒聽過。畜生道的眾生因愚癡、無法洞察善惡之別而投生此道,不僅無法得見解脫道,也沒

① 八熱地獄與八寒地獄之外,還附有十六小地獄,分別為八炎火地獄與八寒冰地獄。

有機會認清何者會帶來快樂或痛苦；家畜家禽類的動物被用來做為奴隸，並被屠殺以取其肉與皮毛。

另外，還有人道、阿修羅道和天道。此三者被稱為上三道，是因為眾生在此所受之苦較不那麼迫切。人道的眾生有八苦，分別是生、老、病、死，其次是怨憎會、愛別離、遇所惡緣、離所欲緣①。

阿修羅道的眾生對天道眾生的忌妒與怨恨，使其時時刻刻受煎熬，因為如意樹根植於阿修羅道，卻結果於天道。當他們見到天道眾生享受如意果實、甘露湖，以及種種他們無法擁有的其他完美悅意物時，便妒火中燒，難以忍耐。於是他們試著攻擊天道的眾生，與之打鬥，卻永遠是輸家。

即便是天道的眾生，似乎擁有一切所欲——華麗的宮殿、和花園、充滿鳥語花香的森林、美妙的友伴、可口的食物等——與痛苦應該是十分遠離的。然而，一旦他們受畢這些微少善行之果實、而業報已盡時，將再度投生到最痛苦的輪迴道中。

① 這裡所說世間八苦、八種辛苦的後兩者：「遇所惡緣」、「離所欲緣」，與一般佛學辭典中所常見的稍有不同：「求不得」、「五蘊熾」（後者依據《涅槃經》十二，則為「五盛陰」）。

第五，解脫的無上功德

如果我們思量輪迴中所可能經歷的一切不同狀

態，並了知無處沒有痛苦時，將生起強烈的疲憊感與悲傷感。我們會疑惑：「究竟要如何才能將自己帶離這種痛苦？」此即所謂的出離心，想脫離輪迴的渴望。它是修法的基礎與開端。如果有人被暴君丟進監獄，他將日夜思考：「我怎麼這麼慘！我該如何才能離開這裡？誰能幫助我？」這些會是他唯一的想法。同樣地，當你認清輪迴諸道皆不盡人意、只有痛苦時，你會想：「我要如何解脫？誰能幫我？解脫的方法有哪些？」當你深切思考這些問題時，便會清楚知道，你不僅需要上師的協助，也必須避免造成痛苦的行為，修習能帶來快樂的作為。這就是踏上佛法修道的方法。

跨入佛法的門檻，並不表示你得採用不同的儀態或表象[1]。而是你要清楚知道輪迴的缺失與無盡痛苦，以及解脫的不變功德。

否則，如果我們無法認清輪迴原本痛苦，也缺乏想要離開的動機，則無論我們覺得法教多麼有趣，仍然會將較多心思放在如何增加財富、獲得高位、更有權勢等等之上。若以這種動機發心，就算我們做了一些彷若善行的作為，對於幫助自己與其

[1] 諸多上師皆曾開示，我們應要學習佛法的精髓，而非佛法經過當地風俗民情與文化歷史影響之後所產生的表象，或只重視外在的儀式，而缺乏內在的精神。

仲敦巴（Drömtopa，1004-1064），噶當傳承

他眾生遠離輪迴之助益甚少。

我們必須知道，所有眾生正如自己一般，都受制於痛苦。因此我們要有勇氣去想：「我必須有能力靠自己讓眾生遠離輪迴。為此，我先要自我解脫，成就圓滿，並達到證悟。」這必須是修法的根本動機。以此態度，你將逐漸加深修法的證量，達到了悟，並因此能夠真正幫助眾生。

第六，依止上師之必要

父母、朋友與一般的老師都無法幫助我們達到解脫，因為他們自己也未脫離輪迴。為達證悟，我們必須接受真正上師。沒有上師，我們哪裡也去不了，就如坐在無人駕駛的飛機中的乘客。所以不要高估你的能力。當你尋尋覓覓，找到擁有智慧、慈悲與能力的具德上師之時，就應具足信心地追隨他，領受法教，精進修持。

這六種思量，以及隨後談到的修持，便是一般所稱的「加行」或「前行」（預備法，基礎法）。但我們稱之為「前」或「預備」，並非指它們較不重要。若要建造一幢狀況良好的房子，其要素、就是

堅固的基礎。佛法的修行亦然。

儘管我們要做十萬次的大禮拜，以及五種前行各十萬次的持誦，但修持前行並非只是累積數字①。這些前行的真正意義，乃在於要珍視這個給予我們難得機會來解脫的人身，了知需要解脫的緊迫性，並生起對輪迴諸受不過是苦的堅信，同時領悟痛苦乃來自業報、亦即惡行之結果。如果一個人真正生起這四種了解，前行的主要重點就已達成。我們不應只是思量，還應實際體會。正確的前行修持，是要使它融為自身的一部分。

不要以為前行法是某種屬於初學者的簡單修持，或不若大手印或大圓滿等法門深奧。事實上，前行修持之所以放在最開頭，就是因為它具有關鍵的重要性，是一切修持的基礎。如果我們直接就做所謂的「主要修持」，而沒有前行做為預備，對我們一點幫助也沒有。我們的心尚未準備就緒，仍然難以調伏。這就像在一個冰凍的湖泊表面建築一幢漂亮的房屋，根本無法長久。

生起對輪迴的強烈出離心或厭惡感，乃是為了引導我們逐漸走向成佛之境。修持佛法在剛開始稍

① 一般來說，每一種加行各要完成十一萬一千一百一十一次（簡稱為十萬次），約需三年三個月的閉關時間。而過去諸多偉大的上師在一生當中，都曾圓滿十二次以上的加行法。

顯困難，但隨著修持進展，將漸趨容易。相反地，世間的事業在一開始非常簡易而享受，但長期卻會帶來愈來愈多的痛苦。

在修持的所有階段，我們都必須清楚記得，我們是為了利益一切有情眾生而來修持。「一切」並非專指一個數字，因為有情眾生的數量是無量無盡的，猶如虛空。如果我們將每一個行為都迴向給眾生的福祉，這些行為的利益將能持續且增長，直至我們證悟。實際上，為利眾生而修持的熱望，乃是成就證悟的唯一根基。

前行修持包括一些偈頌的持誦。在此，「共」前行的念誦如下：

喇嘛千諾！
我今具足稀有暇滿身，
因知情器無常願發心。
令己實離三界[1]痛苦海，
知所取捨修行不退轉。

---

[1] 輪迴「三界」分別為欲界、色界、無色界。我們常說的六道輪迴，指的是在欲界的眾生。

在其他的前行修持中，如《龍欽心髓前行法》①，念誦的法本經文比這個詳盡得多。但無論是哪一種，或長或短，僅僅念誦法本內容而對其意義與目的毫不清楚，將完全無所助益。我們必須改變的是覺觀外在世界的方法。我們必須真的相信輪迴的一般狀態不過只是痛苦。我們必須隨時記得無常、時間的無情流逝與死亡的隨時逼近。我們必須謹言慎行，永遠也不應不顧因果業報、以為它不重要；必須認清成就解脫的必要，以及為了解脫而依止上師的必要。如此，這個法教的意義才能真正成為我們的一部分。這是非常重要的。

① 「龍欽心髓前行法」為寧瑪派大圓滿法門的前行修持之一，由巴楚仁波切（Patrul Rinpoche）所開示的藏文英譯版《The Words of My Perfect Teacher（kunzang lama'i shelung）》一九九四年由 HarperCollins Publishers 出版發行；民初的中譯版《普賢上師口授大圓滿龍欽心髓前行引導文》由郭元興譯，已經絕版；近期的中譯版《慧光集之六：普賢上師言教》由中國色達喇榮五明學院譯，為寧瑪巴喇榮三乘法林佛學會結緣品。另一個著名的前行修持則是「覺尊心髓前行法」，由蔣揚欽哲旺波上師所開示的《大圓滿法覺尊心髓前行課誦儀軌》、以及頂果仁波切於一九八九年四月在尼泊爾開示的《覺尊心髓上師相應法》（Explanation of the Lama Practice of the Chetsun Nyingtik）皆尚未出版。

第二章
不共前行

蓮花生大士和皈依境

皈依

前行修法之「內」加行，是以修道之入門，也就是皈依的法教，來做開端。

我們皈依的對象是誰？是三寶，也就是藏人所稱的「三個難得且無上者」，分別為佛、法、僧三者。認識三寶之珍貴是重要的。

三寶第一為佛陀。佛陀的功德以三身來展現：法身[1]或究竟身，報身[2]或樂受身，化身[3]或示現身。法身以五智為表象：法界體性智、大圓鏡智、平等覺智、妙觀察智、成所作智。這五智顯現為五方佛部[4]的報身佛，恆時為其佛土的圓滿菩薩眷眾來轉法輪。報身佛化現為凡夫俗子肉眼可見的外相，稱為化身佛。釋迦牟尼佛便是化身佛的首要例子。

三寶之二為佛法，乃佛陀為利有情眾生的智慧展現，以使眾生離於他們所深陷的痛苦與無明。

三寶之三為僧伽，包括所有修持佛陀證悟道之修行者。

三寶有其「內」層的意義，即「三根本」：上

---

[1] 法身，或稱實相身，《唯識論》解釋為「諸如來真淨法界」、「是一切法平等實性」，為成佛境界的空性層面。請看詞彙解釋 Dharmakaya。

[2] 報身，或稱受用身、樂受身，《唯識論》解釋為「諸如來三無數劫修集無量福慧資糧……恆常自受用廣大法樂」，乃佛境界的智慧或明性層面，唯有高度證悟的菩薩得以見之。請看詞彙解釋 Sambhogakaya。

[3] 化身，或稱變化身，《唯識論》解釋為「諸如來由成所作智變現無量隨類化身」，為成佛境界的起用層面，緣於悲心而來度化眾生，乃三身（法身、報身、化身）中唯一凡人可見者。請看詞彙解釋 Nirmanakaya。

[4] 五方佛部為：中央佛部或稱法部、東方金剛部、南方寶部、西方蓮花部、北方事業部，各部主尊為：大日如來、不動佛、寶生佛、阿彌陀佛、不空成就佛，各尊的相應智慧為：法界體性智、大圓鏡智、平等覺智、妙觀察智、成所作智，所對峙的五毒為：癡毒、瞋毒、慢毒、貪毒、疑毒，其相應的眾生為：畜生道、地獄道、天道、人道和餓鬼道、阿修羅道，相對五大為空大、地大、水大、火大、風大，相應五蘊為：色、受、想、行、識。以上根據邱陽創巴仁波切的開示。

①本尊，行者修持所依的對象，可為佛陀或菩薩等。請看詞彙解釋 Yidam deity。

②空行，字義為「行於天空者」，指的是女性的智慧本質。一般用來稱呼女性的本尊或護法（依其證悟境界的高低），也有不同層次的意義。請看詞彙解釋 Dakini。

③這段所敘述的便是金剛乘特有的淨觀修持。

師，為加持之根本；本尊①，為成就之根本；空行②，為證悟事業之根本。雖然名稱不同，但這三者與三寶並無分別。上師為佛，本尊為法，空行與護法為僧。就最深層的意義來說，法身為佛，報身為法，化身為僧。

修持皈依時，觀想面前有皈依眾。我們不應認為所處的外在環境為凡俗或「不淨」的世界，而應視其為具足一切圓滿的清淨佛土③，包含黃金地、如意樹、甘露海和眾寶山。那裡的所有聲音，即使是小鳥的歌聲與樹葉的窸窣作響，都是咒音與對佛陀的稱頌。僅是嘗到如甘露之水，就能生起禪修之深境。

觀想佛土中央有一株無可計量的如意樹盛開綻放，以各種珍貴的物質做成：枝幹為珠寶，樹葉為黃金，花果為不同種類的寶石。在樹枝中間垂吊以珊瑚、珍珠、琥珀、綠松石等做成的華鬘，飾有微小的鈴鐺，其發出的清脆聲響皆為法音。

這株如意樹有一個主幹與四個枝幹。主幹上端有一個多種珠寶製成的寶座，由八隻無畏獅子所托。寶座上有一朵彩色蓮花，其上為日輪與月輪。

月輪之上坐著根本上師——亦即我們自然生起最強烈信心的上師——他顯現為珍貴的蓮花生大師，坐在虹彩的光耀廣空之中，燦爛微笑，充滿智慧與慈悲。

其上虛空之中，從本初佛普賢王如來開始，直至蓮師，三傳承①的所有祖師上下依序排列。在其身邊則為我們具足信心之偉大上師，包括寧瑪、噶舉、薩迦、格魯四派者。

四大枝幹的前枝有釋迦牟尼佛，周圍乃賢劫一千零二尊佛②。釋迦牟尼佛身著三法衣③，具足成佛者尊聖而耀眼的三十二大人相與八十隨形好④，例如頂髻、手掌與足心的法輪印等。

四大枝幹的右枝有佛陀八大心子，亦即八大菩薩——文殊菩薩、觀音菩薩、金剛手菩薩等⑤——以及一切大乘的菩薩眾。他們身著報身佛的五絲衣⑥、八寶飾⑦為莊嚴，各自站立，面向前，隨時準備利益眾生。

四大枝幹的左枝有小乘僧眾的尊貴僧團，領眾者為佛陀兩大弟子舍利弗與目犍連，並有十六羅漢、八大老宿⑧與一切小乘的僧眾，分別以不同的禪

① 「三傳承」分別為諸如來的心意傳承、持明者的徵示傳承、凡俗者的聽聞傳承。
② 賢劫千佛，在我們這個稱為「賢」的「劫」中，共會有一千零二尊佛陀來世示現成佛，釋迦牟尼佛為第四位，下一尊則是彌勒佛，稱之為「未來佛」。
③ 三法衣，佛陀所制，亦即袈裟，共有三種，眾聚時衣、上衣、中著衣。
④ 三十二大人相、八十隨形好，指的都是證悟成佛時在身上所顯現的各種莊嚴寶相。
⑤ 依據《般若理趣經》，八大菩薩分別為金剛手菩薩、觀自在（觀世音）菩薩、虛空藏菩薩、金剛拳菩薩、文殊師利菩薩、纔發心轉法輪菩薩、虛空庫菩薩、摧一切魔菩薩。若依《大妙金剛經》，則稍有不同：金剛手菩薩、妙吉祥（文殊師利）菩薩、虛空藏菩薩、慈氏（彌勒）菩薩、觀自在菩薩、地藏菩薩、除蓋障菩薩、普賢菩薩。
⑥ 「五絲衣」分別為寶冠的垂飾緞帶、長圍巾、上身衣、下身裙、腰帶。
⑦ 「八寶飾」（八莊嚴）分別為寶冠、耳環、三條項鍊、臂環、手鐲、足環。
⑧ 老宿、上座、大弟子，音譯為「體毘履」或「悉替耶」（Sthavira），指小乘的重要僧眾。

①「三乘」分別為聲聞乘和緣覺(辟支佛)乘(前兩者總稱為「小乘」);以及菩薩乘,亦即「大乘」。佛法有時也被分為顯教(經續、因地乘、經言乘)與密教(密續、果地乘、真言乘、金剛乘、藏傳佛教),事實上,密乘乃是大乘的最高法門。另外,現在少稱「小乘」,而多以「南傳佛教」來與「大乘」區別,以免落入語帶批評之嫌;「詞彙解釋」一章也說明,目前「聲聞乘」(Shravakayana)也用於稱呼「小乘」。而在此,為了忠於英文版及文字的本意,Hinayana仍然翻譯為「小乘」,Shravakayana則翻譯為「聲聞乘」。

②《般若波羅蜜多》佛經集結了佛陀對於空性智慧的開示,著名的《心經》便是其中的節選。

③Heruka有時翻譯成「飲血尊」。之後所提到的桑耶寺,為西藏第一座佛教寺廟,於蓮師在此弘法時所建。

④勇父,與「空行」相對,為男性的本尊或護法(依其證悟境界的高低)。

定姿勢坐著,手持乞鉢與乞杖。

四大枝幹的後枝有三乘的①所有經典,善妙排列在寶鑲佛龕上,經名朝向我們。它們自然發出梵文母音與子音之聲,以及《般若波羅蜜多》②與一切大乘經典之法教。這些經典象徵「所傳之法」,即所撰寫之法教,與「所悟之法」,即所證悟之功德性質。

在虛空周圍與枝幹之間,六部密續的嘿魯嘎③眾,以及勇父④、空行與護法眾如雲聚。男眾護法如貢波曼寧(Gonpo Maning)、雷丹(Lekden)、四臂大黑天、六臂大黑天、桑耶寺的守護神多傑雷巴(Dorje Lekpa)、羅睺羅(Rahula)等,臉朝外以除去我們修法的障礙。女眾護法如一髮母(Ekajati)、長壽王母(Tseringma)等,臉朝內以避免加持與成就外漏。

上述一切本尊與上師充滿虛空,猶如蜂窩剛被開啟時群蜂湧出般密集。我們的觀想應十分清楚,觀想他們透明而生動,猶如虹光,閃耀著智慧、慈悲與大力。

觀想自己站在皈依眾前,面向皈依眾。在我們右方為我們這一生的父親,左方為母親。在我們後

面與身旁為六道眾生，前方則為我們視為敵怨的眾生。想像自己為領眾之首。面對皈依聖眾，帶領他們以身為敬一起頂禮，以語而誦皈依願文，以意而生對皈依眾之完全信心。

我們必須以大乘之大願來皈依，亦即不是為了此生而皈依，而是直至證悟為止。同時不是為了自己，而是為了令一切有情眾生同登佛果。

行者實際念誦如下：

南無！
直至我等皆證悟，
至心皈依三根本。

行者念誦皈依文並同時頂禮十萬次（在實修時，猶如本續所開示，我們在此念誦四句文，其中包括兩句發菩提心之願文）。

在每座修法結束時，觀想全體皈依聖眾發出智慧的光耀，碰觸自身與一切有情，清淨一切痛苦與障蔽，並令智慧生起於自心。接著，我等眾生像是被丟擲的石頭所驚動的一群飛鳥般飛向皈依聖眾，

融入蓮師。傳承上師、本尊、空行、護法——化光融入蓮師。此時蓮師變得更加光耀地坐於虛空中,是為光彩奪目的諸佛總集尊。最後,猶如彩虹消失於空中,蓮師融入明空之虛空中。於此狀態安住片刻。

如是空明之廣大其實就是自心本性。於此究竟離戲狀態之中安住,將可令行者了悟自心空性之本性即為法身;其表象,光明或智慧,即是報身;其示現,遍入一切之慈悲,即為化身。行者將可了悟,三寶皈依聖眾並非在自身之外,而是本然具足於自心。此即究竟的皈依。

在修持皈依時,如同在修持其他任何法門或事業一般,必須運用「三善法」。首先,做為準備,我們應該生起為利有情眾生而修法之願;其次,我們必須完全專注於修法本身;最終,我們應該迴向功德以利眾生。

在此,我們首先要思惟自己是為了利益一切有情而皈依,以此做為預備。至於修法的主軸,則以完全的專注、全然的信心來皈依佛、法、僧及上師、本尊、空行。「信心」的意義是,即使受苦於

熱、寒，受困於疾病、不順心或其他痛苦，時刻皆只仰賴三寶與三根本。在任何情況下，即使可能危及性命，也絕不離棄他們。做到這種程度，我們的皈依已經真誠了。

當我們皈依了究竟證悟之佛陀，就不要再在天界的眾生、財神或大力之神、各種自然元素的力量、精靈鬼怪、星辰、山神等身上尋找皈依，因為他們都未超越輪迴。由於佛的塑像或畫像是佛陀色身之代表，行者必須對其恭敬（即使是一塊破碎的塑像），並將之放置於乾淨、較高之處。

當我們皈依了佛法，因佛法之根本在於利益他人之願，就應當捨棄對有情眾生的一切形式之暴力行為。而經文為佛法之支柱、且能引領證悟之道，因此行者絕對不可跨過書籍，甚至避免踩在任何有文字書寫的東西之上——即使只是一個字母——因為它可以成為佛陀名號的一部分①。不應隨意處理寫有文字的物品，或放於骯髒之處，而應將之置於高處。如果必須丟棄，應在乾淨的地方燒毀之。

當我們皈依了僧眾，就應該避免和見地、生活方式與佛法完全牴觸的人相處。行者對小乘僧眾之

① 關於這一點，西方學生通常很難理解。無論是否為經書，只要踩到或跨過，便違犯了皈依戒。甚至應該避免踏到地上任何一處印有文字的東西或地點上。

僧師與尼師，以及大乘僧眾之菩薩等，應具有恭敬心與信心。

簡言之，皈依的精要在於，無論人生境遇是好或壞，都對三寶等皈依聖眾具足完全信心。如果遇到愉快或善緣的情境，我們應該思惟，那全然是來自三寶的仁慈與加持。我們應感謝並迴向快樂予一切有情，希望他們也能享有如是快樂。如果碰到艱困的情境，生病、失去所有、被人批評、遭受嘲弄等，我們應思惟，在無量過去世中所作的惡行，原本會令我們投生輪迴下三道，但由於上師與三寶之慈悲，以及我們對他們的信心力量，今日經由病痛與艱困的體驗，而有機會清淨可能投生下三道之業報。我們也應祈願：「經由我的痛苦，願我承擔一切正在承受相同艱困之眾生的痛苦。願此艱困能幫助我在證悟道上有所進展。」

在所有日常活動當中，你必須隨時持守對皈依聖眾之仰賴。例如，行走時，思惟皈依聖眾在右肩稍上之處，恭敬繞行之。飲食中，思惟我們把食物的第一部分供養三寶，然後吃剩下的部分，彷彿它們已被三寶加持後還予我們。穿新衣時，先思惟將

之供養三寶。到了夜間,思惟皈依聖眾安住頭頂,光亮而清晰,然後入睡,心中充滿信心。

若有了全然的信心,三寶的加持就不難來到。若無信心,便是把自己與加持隔絕。陽光照耀世界所有人,但唯有將之集中於放大鏡,才能讓乾草生火。類似地,若有信心和虔誠的放大鏡,上師的加持便會燃燒於內。

信心有不同的層次。首先,當我們聽到三寶的功德及佛陀與大師的生平時,若心中充滿喜悅與清明,同時覺知有所改變,即所謂清楚的信心(clear faith,淨信)。當我們思惟佛陀與大師的生平時,若一心想要知道更多如是功德,並強烈渴望自身也能獲此功德,稱之為渴求的信心(longing faith,願信)。經由修行,我們獲得對法教真諦與佛陀證悟之全然信心,即俱信的信心(confidence faith,篤信)。最後,當信心全然成為我們的一部分、甚至生命受到威脅仍不捨棄時,表示已成為不退轉的信心(irreversible faith,不退轉信)。

信心是所有佛法修持的基礎。沒有任何法門不以對皈依聖眾之信心做基礎,即使是大手印或大圓

① 大手印的梵文為 Mahamudra,英文為 the Great Seal;大圓滿的梵文為 Maha Ati 或 Ati Yoga,藏文為 Dzogchen,英文為 the Great Perfection。

滿①亦然。皈依是基礎，也是修法的開端。若我們了解皈依的甚深意義，則皈依也是究竟的目的，亦即自心即佛的了悟。因此，從今直至證悟，皈依應為行者修法的必要部分。

菩提心・證悟想

　　菩提心乃是為了利益一切眾生而成就證悟的念頭。大乘（我們在此依據大乘而修）與小乘之別，乃在於大乘這種偉大而包含一切之「大」願。大乘之「大」字也從此而來。

　　菩提心有兩種層次：勝義（絕對、究竟）菩提心與世俗（相對）菩提心。世俗菩提心又分為願菩提心與行菩提心兩方面。

　　勝義菩提心即了悟一切法界的究竟實相為空性。但這並非一開始就能輕易了解。因此為能了悟勝義菩提心，首先必須生起世俗菩提心。

　　受菩薩戒[1]以發菩提心時，行者需有上師或佛像等做為見證。在這個修持中，我們在蓮師面前受菩薩戒，上師周圍繞以如前所述皈依對象之聖眾。這次，行者觀想在皈依聖眾前只有自己一人（此乃因為自己要來受戒，為利益眾生而努力），並念誦：

　　　　為利眾生願成佛，

[1] 受菩薩戒，受戒願依菩薩所行而修持證悟法門、度脫有情眾生。

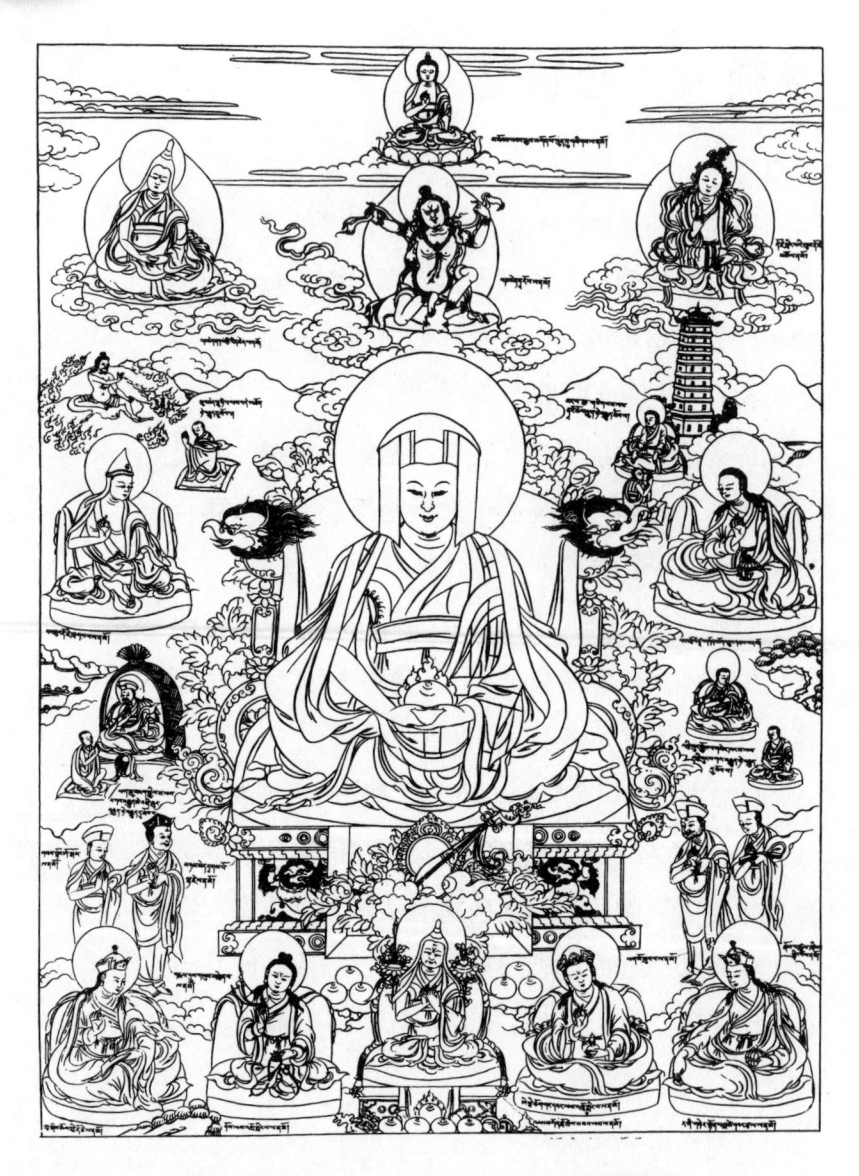

岡波巴（Gampopa，1079-1153），噶舉傳承

生起行、願、勝菩提。

　　菩提心之精要為何，我們為什麼需要菩提心？有情眾生於輪迴三界中無盡流轉，乃是由於三種障蔽的情緒：執著或貪欲，嫌惡或瞋恨，無明或癡迷①。而佛性，亦即如來藏②，乃是每一個有情眾生原本具足的，但因眾生無法認清其佛性而落入妄念中。此即無明，也是輪迴之主要根源。

　　無明最主要之顯現即為自我，即有「我」的念頭。這種念頭一旦產生，我們就開始構想「我的身體，我的心意，我的名字」。然而事實上，這個「我」念所指的卻是一種根本不存在的東西。

　　我們目前所具有的所謂的「身體」，是不同元素之蘊集。只要身與心維持在一起，種種根識③就會覺知外在的現象。於是我們能夠見到色相、聽到聲音、聞到氣味、嘗到香味、感受物體。由於以為有個自我，我們便執著於有個獨立存在個體之概念。由於覺知到外在世界，我們便執著於有個獨立存在現象之概念。當我們活著時，身與心便如是共同運作。我們也有個名字。然而，當我們檢視身、心與

① 亦即一般所稱之「三毒」：貪、瞋、癡。

② 如來藏，眾生皆具成佛本性，亦即佛性。

③ 根識，「根」指的是眼耳鼻舌身意等覺受外界的器官，其所覺受的外境稱為「塵」，由此根塵相對而生起的心念則為「識」。

名字三者時，可以輕易看到它們只不過是標籤，沒有任何本質真實存在。

首先讓我們檢視身體。它由各種不同的成分組成：皮膚、血液、骨頭、肌肉與器官。若我們分解這些成分，皮膚放在一邊，骨頭放另一邊，血液與器官也各放在一端，那麼我們不能單單把皮膚稱為身體，也不能單稱血液為身體。沒有任何一種單獨成分可被指稱為身體。甚至也沒有任何一種成分，可以被稱為含有任何一種實質的「身體性」。因此，「身體」不過是指稱一個由各種不同元素暫時組成的聚集體之標籤而已。它不是本身就具有實際存在的東西，也沒有所謂「身體」的一個完整主體。然而，由於我們相信這就是「我的身體」，便強烈受誘於可為它帶來愉悅的人事物，而又盡可能排除讓它覺得不悅的人事物。

此外，我們也執著於「我的心」這種想法。但是如果我們試著去尋找這個心，卻遍尋不著。它不在腦袋裡、心臟內、皮膚裡，或身體其他各處。它沒有特定的形狀：不是圓形、正方形或長方形。它沒有特定的顏色。它既不堅固，也不脆弱。因此再

次地,「心」不過是依附於不斷流動的無盡念頭之名稱而已,就好像我們稱呼用線穿在一起的一百個珠子為「念珠」。

對於「名稱」的概念也是如此。例如,在英文裡,我們稱一個人為「person」。「person」這個字不過是「p」、「e」、「r」與「s」等字母的組合。當我們將「p」、「e」、「r」、「s」、「o」、「n」分開之後,所謂「一個人」或「人類」的概念就完全消失了。

這種錯誤的歸因系統一旦生根,我們接著便會認為,某些特定的人事物屬於我們——例如慈善對待我們,而我們對他們也有強烈執著的親友。我們甚至無法忍受與他們分離幾分鐘。無論好事或壞事,我們隨時願意為他們赴湯蹈火,以便讓他們高興或為他們防禦。這便是所謂的執著或貪愛。

另外有一些人被我們認定會對我們造成傷害,因此我們決定把他們當成敵人,隨時準備盡己所能地施加報復。這便是所謂的嫌惡或瞋恨。

當心充滿了自執著與嫌惡生起的無明時,無盡輪迴的因便出現了。事實上,執著與嫌惡只不過是

因為我們無法認清「敵人」與「朋友」是相當短暫而極不可信的概念。我們已在輪迴中投胎無數次。每一次投胎，我們都有雙親、朋友與敵人。我們根本不確知在這麼多過去世中，誰曾經是我們的雙親、朋友或敵人，或在來世中，誰將是我們的雙親、朋友或敵人。我們這輩子最大的敵人，或許會是下輩子的子女。這輩子的父母，或許會是下輩子的敵人。我們已經歷了無數次投胎，而不是僅僅幾次而已。從一連串的過去世以來，我們有過許多不同的父母，並非每次投胎總是一樣。事實上，沒有一個有情眾生不曾在某時做過我們的父親或母親。因此，對任何人產生強烈的嫌惡或執著，或將任何人視為敵人或朋友，毫無意義。我們這麼做，只因自己是如此絕然地迷妄，無法知道在無量的過去世中，我們與這些人的關係為何。

當我們看到某個人而認為「他是我的敵人」時，這個念頭不過是自心的一種投射。如果有人真的要把我們稱為小偷，甚至拿棍子追打，我們可能馬上怒火中燒，面紅耳赤地想著：「我必須反擊，加倍打回去。」因此我們拿起更大的棍子向他衝

去。我們的怒氣或許暴烈到令我們產生如此極端的反應。但是如果我們回頭看看這個怒氣時,它只是個念頭而已。當我們檢視這個念頭時,其實什麼也沒有:沒有形狀、顏色、地點或任何其他特性。它是空的。認知自心的空性,便是絕對的菩提心。

當我們仔細思惟,便可明白,若是有人打了我們,其實沒有任何理由生氣。如果我們對那根棍子生氣,的確滿可笑的。不過,如果對那個打我們的人生氣,才更荒繆。那個人其實是自己心毒的受害者,他這麼做會讓自己受到更多的痛苦,反而值得我們付出所有的關懷與慈悲。我們怎能對一個心有所擾的病人生氣呢?

我們必須讓我們的心完全除去誇大的執著與嫌惡。如果從過去以來,我們一直把某些人當成敵人,那麼從現在起,我們應該希望盡己所能地利益他們。如果我們對某些人一直相當執著,我們可以繼續利益他們,但不必被執著綑綁。我們必須以平等的慈愛與悲心來對待所有眾生。沒有需要對抗的敵人,也沒有需要執著的朋友。每一個眾生都值得我們以相同的慈愛來對待,正如我們對待這一生的

父母一般。我們應該思惟,該如何感謝自己的雙親。首先,他們賦予我們生命。其次,打從我們呱呱落地開始,他們幫我們餵食、穿衣,教導愛護我們。我們應該將這份感恩之情擴及所有無量的有情眾生。親子的相互之愛非常自然。即使凶猛如虎的動物,對幼虎也有極大的愛。母虎隨時會為了保護小虎而犧牲性命。然而這種愛是非常單方的,只限於對待某些眾生。我們應該以此對待所有眾生。

　　輪迴之中,無處不是苦。一切有情眾生,即使是最微小的昆蟲,沒有一個不想得到快樂。然而他們的所作所為,卻只能延續痛苦。原因在於他們並未認知到,負面行為是痛苦的導因,正向行為才是快樂的根源。動物為了自己的舒適與滿足,殺害其他動物為食。這種行為為自己和其他動物製造了未來的痛苦。一個拿刀刺身或在冬天裸奔的瘋子,基本上都想要快樂,卻在無意間做出各種帶給自己痛苦的事情。有情眾生也是這般地造成自己的痛苦,因為他們無法認清獲得快樂的唯一方法便是棄惡揚善。當我們想到這一點,便會對深陷妄念的所有眾生產生強烈的悲心。

然而,對一切有情眾生生起慈悲心仍然不夠。光有慈悲心,無所助益。我們必須付諸行動,真正幫助眾生。一生行事正當、照料年邁父母的人會受眾人尊敬;如果他忽略雙親,將遭人輕蔑。如果不去幫助在無量的過去世、曾為我們慈愛父母的所有無量眾生,就更令人鄙視了。我們必須下定決心,盡己所能地利益眾生。

如果我們開始要利益眾生,給予食物、衣著及一般的情感,將有某種程度的幫助,但這些利益不僅有限,也只是暫時的。我們必須找出辦法,讓他們得到絕對而不變的利益。而這是家人與朋友的一般慈愛行為無法做到的。唯有佛法能夠達成此一目的,幫助有情眾生脫離輪迴的下三道,究竟成就證悟的境界。當然,以我們的現況來說,我們一開始沒有像文殊、觀音等諸佛菩薩那種能力來幫助他人。修持佛法正是為了獲得這種能力。這是為什麼我們需要依止一位上師,領受他的法教,並實際修為。

任何眾生,即使是一隻小昆蟲,只要努力並具足信心與虔誠心皆可成佛。我們首先應該要絕對相

信自己能夠成佛,並必須生起寬廣而勇毅的心,認為自己有辦法引領一切有情眾生悉皆成佛。如果我們只想到「願我障礙清除,免於恐懼,快樂而舒適」,只關心自己,這種態度是非常狹隘的。我們應該祈願無量眾生皆能得到無限的快樂。唯一能夠實現這個願望的方法,便是修持佛法,成就證悟。如果從一開始,我們便奉獻心力於眾生的福祉,我們的修行便不會受到瞋恨或傲慢等負面情緒的影響。更甚者,從今而後,這些利益將延續直到我們成佛。

我們的修行可能會用到身、語、意。在這三者之中,最重要的是我們的心。以身修持頂禮與繞行,以及以語持誦願文與咒語等的利益的確相當可觀,但除非我們全然地心向佛法,否則上述利益都是有限的。

我們以皈依聖眾為見證,堅定地誓言:「從現在起,我將不再有任何一個自私的念頭。就算我只念誦一次『唵嘛呢唄美吽』①,我也要為一切眾生來念。如果我對上師生起任何虔誠心,也是要為一切眾生來做。」這種為利益一切有情眾生而行的誓

---

① 六字大明咒(唵嘛呢唄美吽)乃觀世音菩薩的心咒。

言,稱為「願菩提心」。一個人為了實現這種願望所做的正向行為,即為「行菩提心」。

　　菩提心具有無限利益,而且幾乎沒有風險。何以如此?因為一個人全然為了利益眾生而修持,動機發心如此清淨,故而他的修行將完全不會受到障礙與差錯的損害。這是非常深奧的修行,同時也非常單純。精要地說,菩提心即是為了幫助眾生成佛而自己來求證悟的目標。

　　當我們實際修持菩提心時,再度念誦包括皈依與發心的四句願文,並圓滿十萬次(這時不頂禮),同時專注於思惟菩薩戒的涵義。在每一座修持結束時,面向前方虛空中的皈依聖眾並祈願:「願菩提心於我心生起,正如蓮師智慧心中的菩提心一般。」於是,所有傳承上師與本尊盡皆化光,由周圍至中央地融入蓮師。接著,蓮師化光融入自身。此時,觀想蓮師具足的圓滿菩提心與我們的心相融無別。最後,以此願文來做結行:

　　勝菩提心未生起者,
　　願皆生起勝菩提心。

勝菩提心已生起者，
願不退轉且恆增長。

我們應該記住，過去使我們無法生起菩提心的主要障礙，乃是我們對朋友與敵人的分別。當我們領悟到，一切眾生在過去都曾是我們的慈愛父母時，把任何人視為敵人便毫無意義。執著任何人為我們的朋友同樣沒有意義。不僅是在過去世與未來世，即使以這一生來說，便有人曾經一度與我們十分親密，之後卻成為敵人。緊抓著敵友的觀念不放，實在沒意義。一旦我們完全捨棄了執著一方、嫌棄一方的態度，便能全然平等地對待一切有情眾生，如同兩邊重量均等的天平。

四無量心

為了培養菩提心，我們必須培養四種無量的功德：慈、悲、喜、捨。在四者當中，最重要的基礎是無量捨（無量的平等心）[1]，不再分別朋友與敵人；這也應是觀修四無量心的起始。無量的平等心

---

[1] 無量捨或無量的平等心，中文說的是「捨」，英文則是「平等」(equanimity)，因為我們要捨棄對眾生是敵或友、親或疏、愛或惡等等的分別心。

能令我們生起五方佛智之一的平等覺智。

　　菩薩視眾生的福祉勝於自己的利益，這一點由釋迦牟尼佛曾經投胎為海龜的那一次前生來看，便可知曉。當五位船員從遇難的船隻掉入大海時，這隻海龜浮出海面，用人語向他們說道：「到我的背上來，我會把你們帶上陸地。」海龜歷經極大的艱困，終於把五位船員載到小島的岸邊。船員獲救了，海龜卻精疲力竭，需要在沙灘上休息。牠睡著了。就在此時，八萬隻小昆蟲爬到牠身上，開始啃噬牠的身體。海龜在劇痛中醒來，但牠心想：「如果我現在回到海裡，這些昆蟲都會淹死。」因此牠決定將自己的血肉布施給這些昆蟲。於是，八萬隻小昆蟲吃完了整隻海龜。就在牠即將死去的時候，海龜做了以下的發願（由於牠是一個偉大的菩薩）：「當我於未來圓滿成佛時，願這五位船員及八萬隻昆蟲成為我第一批的聞法者，並因此走上證悟之道。」正是這般的願力，讓釋迦牟尼佛在證悟之後，於瓦拉納西（Varanasi）附近薩納斯（Sarnath）的鹿野苑（Deer Park）中，對著曾是五位船員、後來成為首批比丘的五位弟子初轉法輪，而曾是八萬

隻昆蟲的八萬天眾也在場聆聽。這便是更看重他人福祉的究竟慈悲心的榜範。

　　菩薩對於造成他們痛苦的眾生也從不生起瞋恨，只會生起慈悲，並想幫助他們。至於朋友與家人，菩薩將他們視為夢中所見的如幻眾生。沒有情緒糾結會影響他們的平等大愛，或阻礙他們的佛法修持。由於不再受到瞋恨與執著的鐵鍊綑綁，他們對一切眾生都待以毫無分別的慈愛。

　　「慈無量」是希望眾生獲得快樂與樂因的願望。一切眾生皆渴求快樂，卻極少能夠得到。因此，希望他們盡可能快樂，並找到快樂的源頭，便稱為「慈」。慈心具有無量功德。如果我們深具這種慈愛，自然便能利益眾生，也不會受到不良影響[1]的傷害，因為慈悲是對治負面勢力的最強武器。

　　在釋迦牟尼佛曾為菩薩的過去世當中，還有另一段故事。當時他投胎為國王，人稱「慈愛的力量」（Power of Love）。有一次，五個兇猛的食人妖魔，或說是羅剎（rakshasa）[2]，來到他的國土。他們到了一處牧羊人正在放牧綿羊等牲畜的地方，心想他們有尖銳的指甲與鐵般的硬齒，可以輕易殺死這些

[1] 這裡的英文 evil influence，一般指的是魔怨的力量。

[2] 羅剎有兩種英譯，raksha 或 rakshasa。

生物。然而,他們無法動這些牧羊人或牲畜一根寒毛。他們大發雷霆,高聲大喊:「這是怎麼回事?我們在世界各處都可輕易殺死任何生物。但在這裡,我們甚至連你們的皮毛也抓傷不了。」牧羊人答道:「這是因為我們國王所具有的力量。他在皇宮裡不斷地觀修慈心。」妖魔們聽到竟有如此超凡的人士,感到十分驚訝,並問牧羊人是否能帶他們見見國王。於是牧羊人便將妖魔帶到國王面前。這些妖魔大喊:「我們要有鮮肉才活得下去,可是我們在你的國土裡,連最小的生物都殺不死。」國王心想:「如果他們找不到東西可吃,就會死掉,但我並不想犧牲任何生命;我只能用自己的鮮肉來滋養他們。」於是他就這麼做了。當這些妖魔嘗到國王鮮肉的那一刻,心中立即充滿了對周遭生物的慈愛,所有傷害他人的欲望消失無蹤。

「悲無量」是希望眾生都能離於痛苦與苦因的願望。當我們思惟他人的痛苦並想要做些什麼的時候,便會生起這種覺受。除了人道之外,輪迴中還有許多其他道的眾生。以地獄道來說,便充斥著無盡的痛苦。只要想像自己的父母落入地獄,被放在

札巴‧堅贊尊者（Jetsun Trakpa Gyaltsens，1147-1216），薩迦傳承

數千刀劍上任其刺穿，被極熱的大火焚燒，你便很想趕快採取行動來解除他們的痛苦和折磨。此即悲心的基本覺受。輪迴中，到處都有受苦的眾生。地獄道的眾生遭受寒熱之苦；餓鬼道的眾生遭受饑渴之苦；畜生道的眾生遭受被奴役與被殺戮之苦；人道的眾生遭受生老病死之苦；阿修羅道的眾生遭受忌妒與衝突之苦；天道的眾生遭受命終之時即將喪失所有歡愉而落入下三道之苦。當我們想到這一切，便會覺得：「如果我能讓眾生脫離苦海，那該有多美好！」

「喜無量」乃是當我們看到才華洋溢而博學多聞的眾生具有快樂、名望、影響力時，所應生起的喜悅。對於這些眾生所享的福報，我們不僅不覺得不安與忌妒，還誠摯地隨喜讚嘆並思惟：「願他們一直都能快樂，甚至享有更多快樂！」我們也要祈願，希望他們能善用財富與權勢來幫助他人，護持佛法與僧眾，供養、建寺、弘法及其他具有意義的作為。隨喜並祈願：「願他們不喪失現有的快樂與權勢。願他們的快樂增長，願他們善用所擁有的一切來幫助他人，弘揚佛法。」

祈願自己的心能夠充滿無量捨、無量慈、無量悲、無量喜，如同菩薩所具足的那般無量。如果我們這麼做，真正的菩提心必將生起。

　　這四種特質被稱為無量或不可計量，乃是因為它們的對象——一切有情眾生——是無量的，它們的利益——一切眾生的福祉——是無量的，它們的果實——證悟的功德——也是無量的。四無量心猶如虛空般地不可計量，也是成佛的真正根基所在。

　　於此，如同任何其他修持一般，我們應該以「三善法」來修：希望我們即將所做的修持能夠利益所有眾生（初善）；於修持時全然專注，時刻保持一切法界自性為空的領會（中善）；修法結束時，迴向一切修法的功德給所有眾生（後善）。這是令諸佛菩薩歡喜的最好方式，也是生起觀修覺受與證量，同時不受瞋恨、貪愛與傲慢所生起的障礙吞噬的最好方法。

金剛薩埵

在前行修法的一開始,我們思惟了人身的難得與殊勝。為了激勵我們努力修持,我們進一步思惟無常。接著為了增進觀照力,我們思惟行為與業果之間的運作法則。最後,我們看到輪迴的一般狀況是如何地不離痛苦,並由於領悟到解脫的不變利益,而知道自己需要尋找並依止一位上師。於是我們進入前行修法的主要部分。首先為了跨入佛法的門檻,我們皈依佛法僧三寶。其後,我們生起菩提心,此乃菩薩乘的根基,亦即為了利益眾生而求證悟的心願。現在,我們進入金剛乘,要做的便是金剛薩埵(藏音為「多傑森巴」)本尊的觀修與持誦,目的在於清除證悟道上的障礙。這些障礙包括所有過去世以來累積的障蔽與負面業行。

金剛薩埵為金剛乘一切壇城①的至高主尊。觀修金剛薩埵,如同觀修所有如來。金剛薩埵的百字明咒,乃是一切咒語的精髓。②

過去一切負面行為導致的障蔽,乃是我們無法

---

① 「壇城」、「曼達」或「曼達拉」(mandala)有許多層次與方面的意義,一般代表宇宙、圓圈、界面;在藏傳佛教的修持中,則可代表無上的供養(通常稱為「獻曼達」)、觀修本尊的所在之處、本尊的淨土或駐錫之地(通常稱為「壇城」)等。以後者來說,便有多種象徵意義:顏色、線條、形狀等,各有不同所指。有興趣的讀者可閱讀邱揚創巴仁波切(Chogyam Trungpa Rinpoche)的著作《Orderly Chaos:The Mandala Principle》(美國香巴拉出版社發行,目前尚無中文版)。

② 有關這個咒語的內容,詳見〈殊勝證悟道〉前行簡軌:附錄〉。

在證悟道上前進的主要障礙。負面行為有許多種。有些在本質上很明顯是不善的，例如殺生、偷盜、妄語等①。其他則如違犯佛陀或上師所教導、幫助我們修行增長的誓願與戒律。

修持金剛薩埵本尊法的主要目的，即在於清淨這些障蔽。有一句話說：「罪業唯一的善德便是它可以被清淨。」事實上，沒有什麼是無法被清淨的，即使是最明顯的極惡之行亦然。

四力

為了全然清淨負面業行，我們必須運用「四力」：依止力、悔恨力、對治力和決斷力。

清淨的過程需要一個依止的對象，讓我們表達悔恨，發露懺悔，並修復過去負面行為所造成的影響。在此，我們依止的是金剛薩埵。觀想金剛薩埵在我們的頂上，極為安詳，面帶微笑，白光閃耀，猶如十萬個太陽照於雪山那般奪目。他的坐姿是金剛跏趺座②，於千瓣白蓮與月輪之上。右手持金色金剛杵於胸前，左手握銀色金剛鈴置腿上。金剛薩埵

---

① 殺、盜、淫、妄、酒，為我們一般所稱的「五惡」或五不善業；「十不善業」則包括身：殺生、偷盜、邪淫，語：妄語、兩舌、惡口、綺語，意：貪欲、瞋恚、邪見。

② 「金剛跏趺」為雙腳盤腿而坐，「半跏趺」則為單盤。

第二章　不共前行　079

金剛薩埵

①金剛托巴,是金剛薩埵的佛母名稱,梵音為瓦加托巴(Vajratopa),藏音為多傑森瑪(rDo-rje snyems-ma)。

②「顱器」即為「嘎巴拉」(kapala),一般是以成就者的顱骨做成的容器。

身穿十三種報身佛的嚴飾——五絲衣與八寶飾。與本尊雙運的佛母金剛托巴①,右手持彎刀,左手握顱器②,其內盛滿長壽不死的甘露。我們觀想的本尊並非血肉之軀,而是猶如虛空中的彩虹,栩栩如生又空無可觸。另一方面,本尊又異於彩虹,並非只是可用感官覺知,因為他遍是諸佛的智慧與慈悲。將本尊視為你的慈悲根本上師,以金剛薩埵的身形顯現。

　　接著是一種深切強烈的悔恨力,懺悔自己過去的行為。如果你渾然不知地吞下一種劇毒,發現自己將要死去之時,必然感到非常著急。類似地,你到現在都還不清楚,從這麼多的過去世以來,自己所做的負面行為究竟有多龐大的破壞力。如今你終於領悟到,這些負面行為正是造成輪迴投胎及所有痛苦的根源,於是你強烈地悔恨過去的作為怎麼如此不謹慎。若沒有這種悔恨感,你只會繼續累積負面行為,延續痛苦。但現在你已經知道,你必須清淨自身,因此你轉向金剛薩埵本尊祈求清淨的法門。

　　為什麼把金剛薩埵當做清淨的修持本尊?這是

因為金剛薩埵發願要為一切眾生而來證悟成佛的時候，他發了以下誓願：「當我成佛之後，只要眾生稱頌我的名號、眼見我的身形、憶念我或持誦有我名號在內的咒語，願眾生皆能清淨他們的障蔽、無明和負面的業行。」

然而具有悔恨還是不夠。我們必須實修清淨自身的法門。這便須經由解藥的力量。全心向著金剛薩埵，對他生起信心，因為他是包含一切壇城的至高主尊，也是諸佛的合一，具有清淨業染的大力。如前所說，觀想金剛薩埵在我們頂上，心中有一月輪，其上有一個白色的「吽」字，周圍繞有百字明。於是念誦：

阿！
頂冠蓮花月輪上，
金剛薩埵雙身座。
其心咒字降甘露，
清淨病、魔、惡業、染。

接著持誦百字明，次數盡可能多。

念誦的同時,對金剛薩埵生起強烈信心,並思惟:「由於我在此生與過去世的行為,使我如今在輪迴中受苦。請您現在賜予加持,以使我清淨自身,否則我還會無止盡地輪迴。」

我們雙手合十,雙眼充滿了虔誠的熱淚,獻上這個強烈的祈願,迎請金剛薩埵的智慧心來清淨我們的業染。由於我們祈願的力量,金剛薩埵心中的「吽」字開始流出光明的甘露。這個甘露包含了本尊所有的智慧、慈悲與大力。甘露首先充滿本尊與佛母的全身,接著從他們雙運之處、足趾及全身毛孔流出,流入我們頭上頂輪之上、本尊所坐的千瓣蓮花,再從花莖流下,並從我們頭頂的梵穴①開端進入自身。甘露繼續經由梵穴流下,充滿了我們的身體,洗淨所有的障蔽與染污。這些業染從我們全身的毛孔與梵穴流出。我們的疾病皆以膿汁與血液的樣子流出,負面的力量皆以昆蟲、蠍子、蛇的樣貌流出,心智的障蔽則以黑色如煙的液體流出。甘露流洗淨所有障染的力量是如此強大,猶如洪流把山谷中的樹木與岩石都沖走了。這些障染從身體流出的同時,我們之下的大地開啓了,直至七重地下世

---

① 梵穴,頭頂上的一個小開口,一般在嬰兒時期尚未關閉,是修行氣脈的重要部位。

界。在那裡，紅色公牛身的死神閻羅張大了嘴，流出的污液進入他的嘴巴。當他吞下的時候，污液化為甘露。此時，我們所有的業債、過去的業行全然被清淨，轉化為智慧。類似地，不僅我們的色身被清淨了，甚至凡庸的五蘊與五大①——我們的血、肉、骨頭與皮膚——也不再是粗濁的物體物質，全都變得透明如光。我們從裡到外全然清淨而光明。接著，觀想紅色公牛與我們所有的怨親債主都十分地心滿意足。我們之下的大地關閉，而我們已經完全清淨，身體清淨透明猶如水晶。

本尊身上的甘露不斷持續流下，逐漸充滿自己的身體。當甘露充滿頭部時，我們領受了金剛薩埵的身加持，一切經由色身所造的惡業，例如殺生、偷盜、邪淫等，盡被清除；我們得到了初灌的寶瓶灌頂，並為未來成就諸佛示現身的化身種下了種子。當甘露到達喉部，我們領受了金剛薩埵的語加持，一切經由口語所造的惡業，例如妄語、綺語、兩舌、惡口等，盡被清除；我們得到了次灌的祕密灌頂，並為未來成就圓滿樂受身的報身種下了種子。接著甘露流到心間，我們領受了金剛薩埵的意

① 五蘊：色、受、想、行、識；五大：地、水、火、風、空。

加持,一切經由心意所造的負面念頭,例如瞋怨、忌妒、邪見等,盡被清除;我們得到了三灌的智慧灌頂,並為未來成就究竟身的法身種下了種子。最後,當甘露到達臍輪、充滿自身時,我們得到四灌的文字灌頂,它指示著究竟的自性;一切身語意三門的微細染污盡被清除,我們領受了金剛薩埵金剛智慧的加持,並為未來成就諸佛金剛不變之身的金剛身種下了種子。

其後,向金剛薩埵祈願:

怙主,
我因無明與愚癡,
三昧耶戒已違犯。
上師怙主為皈依!
無上金剛持有者,
偉大悲心化現尊,
諸眾最勝我皈依。
尊前發露並懺悔,
所犯身口意三門、
根本支戒三昧耶、

一切毀墮與缺誤。
祈尊清除並清淨，
惡業障蔽與串習。

念完時，思惟不僅自己的染污與障蔽被清除，所有眾生的染污與障蔽也盡皆清淨無餘。觀想金剛薩埵因我們的祈願而歡喜，面帶微笑並說道：「尊貴的孩兒啊，現在你的一切障染都已被清淨了。」接著念誦：

金剛薩埵化光融入己。

當本尊融入自身的同時，我們不再具有凡庸俗相的色身，而成為金剛薩埵，並與智慧佛母雙運。在我們心中有一個白色月輪，其上有一個藍色的「吽」字，周圍並有金剛薩埵本尊的六字心咒「唵班雜薩埵吽」（梵音：OM VAJRA SATVA HUNG；藏音 om benzar sato hung）。在前方，亦即應被觀為朝向東方的那一端，是白色的「唵」字；其右方、朝

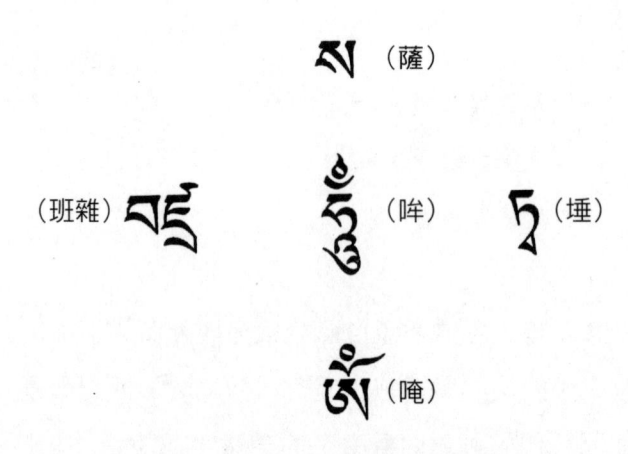

金剛薩埵本尊的六字心咒「唵班雜薩埵吽」

　　南的,是黃色的「班雜」(梵音為「瓦佳」);其後方、朝西的,是紅色的「薩」字;在自己左方、朝北的,是綠色的「埵」字。

　　從「吽」字與心咒的咒字放出無量的多彩光芒,照射到十方佛土,並向諸佛菩薩獻上無量供養。觀想諸佛納受了我們的供養,並賜予他們的加持,所有聖眾的智慧、慈悲與大力,都以光芒的形式融入自身。猶如陽光初照而綻放的蓮花花苞一般,金剛薩埵顯得更加閃耀圓滿。

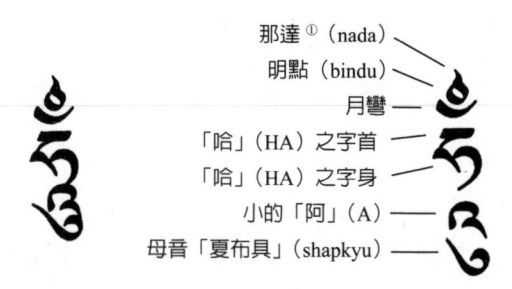

那達①（nada）
明點（bindu）
月彎
「哈」（HA）之字首
「哈」（HA）之字身
小的「阿」（A）
母音「夏布具」（shapkyu）

①「那達」（nada）乃是最為細微的「脈」（nadi）；在此所指為這個藏文字的最後一筆劃。

藏文「吽」字的分解圖

　　接著觀想從自己全身及所有咒字放出無量光芒，充滿周遭的整個宇宙。此時，這個宇宙不再是平凡不淨之地，而是金剛薩埵的圓滿淨土，稱為「淨喜淨土」（the Buddhafield of Pure Joy）。而這個宇宙中的有情眾生也不再凡俗：所有男眾都具有金剛薩埵的身形與自性，所有女眾都具有金剛薩埵智慧明妃金剛托巴的身形與自性。東方的一切眾生，盡皆成為金剛部的白色金剛薩埵與智慧明妃；南方的一切眾生，盡皆成為寶部的黃色金剛薩埵與智慧明妃；西方的一切眾生，盡皆成為蓮花部的紅色金剛薩埵與智慧明妃；北方的一切眾生，盡皆成為事

業部的綠色金剛薩埵與智慧明妃；中央的一切眾生，盡皆成為如來部（佛部）的藍色金剛薩埵與智慧明妃。所有這些眾生都不斷持誦百字明，咒音響遍虛空。

如此一來，一切外顯、聲音與念頭也都不再凡俗，皆為智慧的純然展現。外在世界乃是淨土，其內的眾生則是金剛薩埵與金剛托巴的顯現，所有聲音盡皆為咒音的迴響，一切念頭都是樂空合一的俱生展現。

此時，盡己所能地念誦六字心咒。在每座修持的最後，觀想所有外在的宇宙及其內的眾生，由外到內融入自己這個金剛薩埵與智慧佛母金剛托巴的雙運身①。接著，智慧佛母融入金剛薩埵；金剛薩埵化光融入自己心中的咒字。這些咒字依序融入下一個咒字，最後融入中央的「吽」字。「吽」字從底部到頂端②逐漸化光，直到最後猶如虛空中的彩虹消失了一般，只剩下明空的廣大無垠。安住於此片刻，純粹處於這個絕然離戲③的境界中，不起任何的概念與執著。這正是內在的智慧、存在的不變模樣，也是究竟金剛薩埵的真實面容。

① 雙運身，佛父（男性本尊）代表善巧方便，佛母（女性本尊）代表空性智慧，兩者雙運，意為智慧與方便無二無別。

② 這裡的收攝觀想依序為「唵→班雜→薩→埵→吽」；「吽」的母音→小「阿」→字身→字首→月彎→明點→那達→化空。

③「離戲」的英文為 simplicity，意思是單純、純粹、沒有造作、不生念頭等等。

其後,當你開始從這個禪定狀態中出來、心中再度生起念頭時,你應思惟,所有外顯皆為淨土,一切眾生都是本尊,所有聲音皆為咒音,一切念頭都是智慧。由於你的心鏡經由金剛薩埵的修持法已被擦拭乾淨,所有現象也都依據各自的真實自性而清楚映照在這個鏡中。

為了使這樣的清淨持久,我們必須運用第四個力量,亦即決斷力。這意味我們要有絕不動搖的決心,即使賠上性命也絕不再回頭去造惡業,因為我們今日已知這些惡業乃是造成一切痛苦與無盡輪迴的根源。

結束時,全心全意地將修持的功德迴向給一切眾生,並說:「經由此功德,願一切有情眾生迅速成就金剛薩埵境。」接著供養所有經由此修持所得的利益給一切眾生,以此做為結行。你不應認為如此一來,功德將有所劃分,而是每一個眾生都得到完整的修法功德。在迴向功德的同時,你也應該保持離於執著與概念的狀態,清晰地了解到,在究竟實相裡,沒有所謂迴向的人、被迴向的對象,以及迴向的作為[1]。

---

[1] 這便是所謂的「三輪體空」,無論做者、受者與所做之事,盡皆自性為空。

行者必須完成十萬次的百字明持誦，以及六十萬次的六字心咒。在尚未完成十萬次百字明之前，每座重點應放在百字明的持誦，只需在結束前念誦六字心咒數次。一旦完成了十萬次百字明之後，則每座開始時念誦百字明數次，接著專注於六字心咒的持誦。

我們應該時時憶念、觀修金剛薩埵，如同觀修諸佛一般。成就金剛薩埵的了悟境界，亦即成就諸佛的功德。更甚者，金剛薩埵的百字明乃是文武百尊①的音聲形式；它總集了金剛薩埵自身一切的智慧與大力。如果我們能每日持誦百字明二十一次，並且全然專注於甘露流下與清淨過程的觀想，任何誓戒或三昧耶戒②的違犯，以及任何障染，必都能被清淨。我們若毫不分心地持誦一百次百字明，甚至連「無間罪」③也能相當容易地被清淨。如果修持金剛薩埵，諸佛將視你為自己的孩兒，所有阻隔修行證量與究竟了悟的障礙都將清除無餘。

① 在死亡與投生之間的中陰身狀態，共有一百位寂靜尊（42尊）與忿怒尊（58尊）會出現，稱為「文武百尊」。

② 「三昧耶」（Samaya）為音譯，乃弟子與上師之間祕密持守的誓戒。

③ 「無間罪」有五種，分別是：弒親父；弒親母；弒羅漢；惡意使佛出血；造成僧團分裂。若有人違犯這五種業行之任何一種，在死亡時，將立即投生極苦之地獄，因此並無一般所稱「中陰身」的中間狀態。違犯任一無間罪者所將落入之無間地獄，是為八大地獄之第八阿鼻地獄（「阿鼻」為梵音，意思是無間），共有五無間：趣果無間、受苦無間、時無間、命無間、形無間。

曼達供養

在所有的修持當中，曼達（mandala）供養是積聚福德與智慧兩種必要資糧最具深義並善巧方便的方法，若沒有福慧兩項資糧，我們便無法在修行的道路迅速進展。

如果我們對輪迴俗務生起強烈的厭惡感，不斷察覺無常，同時累積福德與智慧資糧，便能相當容易得到大手印與大圓滿眞實直接的證量。然而，若我們認為「福德是對較初階法門的修行者來說的；我只對大圓滿的修持有興趣」，並坐著凝視天空，不思惟無常或輪迴諸患，我們便不可能眞正地努力，也不會生起眞實的禪觀覺受。

或許我們想要在精神覺受方面有所進展，並經由金剛乘的修持來達到究竟的了悟。但如果缺少福德與智慧，便無法達到這個目標。正如一位國王在對方備齊無比盛宴之時才受邀參加活動一般，這位覺受與了悟的國王，唯有等到我們準備了福德與智慧兩種資糧的盛宴之後，才會蒞臨自身之內。

①三十七支供養，從中央須彌山王、東南西北四大部洲，一直到日、月、眾寶山、尊勝幢，總共三十七種供養，所相對放置的三十七墩供品。

②七支供養，包括中央須彌山王、東南西北四大部洲、日、月，總共七種供養。

③前譯派，或稱舊譯派，在大譯師仁千桑波（958-1055）譯經之前的教派，指的是寧瑪派，為藏傳佛教最古老的教派。

④依照傳統來說，這些包括了Arura或是myrobalan（拉丁文學名為Terminalia chebula）這種各國通用的藥用植物，以及Pharura（拉丁文學名為Terminalia berlerica）。Arura的中文學名為「訶黎勒」或簡稱「訶子」，佛學辭典中多譯為「阿子」，乃藏人極為尊崇的藥用植物，並分為五到六種等級。Terminalia chebula與Terminalia berlerica為「訶黎勒」的同屬植物。

圓滿資糧積聚的方式有很多，但其中最迅速、最容易、也最深義的方式，便是以曼達的形式來供養整個宇宙。

曼達供養依據不同的前行傳承而有不同的方式，或是三十七支供養①，或是七支供養②，而後者是我們在這裡所要修持的。七支曼達供養將宇宙當做曼達，包括須彌山、四大部洲、日、月的供養。而依照前譯派③、或說寧瑪派的傳承，我們也供養三身曼達──法身、報身、化身三種曼達。

在實際修持供養時，我們用一個曼達盤象徵宇宙的金黃地基。如果你有財富，可以使用金製、銀製或銅製的曼達盤。若你用較簡單的方式修行，在山中閉關，那麼任何找得到的東西都可以拿來使用，例如一塊石版或木板。

為了象徵我們要來供養的宇宙，我們將各種穀類放在曼達盤上──小麥、玉米、豌豆或稻米。如此能令所有國家享有富饒與豐收的善緣生起。我們也供養藥用穀類與植物④，以便使全世界驅除瘟疫與疾病的善緣生起。我們供養珍貴的珠寶與金屬，例如琥珀、珍珠、珊瑚、綠松石、黃金與白銀，讓我

們禪觀覺受與了悟的法財得以生起增長的善緣。

我們通常會用到兩個曼達盤。其中之一放在佛桌上來象徵皈依境，也就是修持供養的對象。另一個拿在手上，象徵所要供養的宇宙。

使用稻米或任何穀類之前，應該非常仔細地清洗，除去所有的石塊、木屑與塵土。接著以藏紅花水潤濕，放在乾淨的地方風乾。如此準備的穀類便能用來供養。

我們用左手拿起曼達盤。右手將一滴藏紅花水放在盤上。以右手大拇指與無名指（第四指）抓起一小搓穀子，並用右手手腕下方的肌肉順時鐘方向擦拭曼達盤，同時念誦百字明而祈願：「願我與一切有情眾生的所有障染悉皆清除。」你也可以持誦「圓滿戒律咒」①，以便在修持供養前清淨自身。

在每一座修持的開始，首先念誦「三十七支供養文」（附錄四），並供養三十七墩②稻米。如此三次或七次之後，專心修持三身曼達的供養，念誦以下偈頌，並且每次供養七墩穀子③。

①「圓滿戒律咒」念誦如下：唵、阿牟嘎悉拉、桑巴熱、桑巴熱、巴熱、巴熱、瑪哈序達、薩朵、貝瑪、比布希迭、布雜、達惹、達惹、薩曼塔、阿瓦婁克德、吽、呸、梭哈。（OM AMOGASHILA SAMBHARA SAMBHARA BHARA BHARA MAHASHUDHA SATO PEMA BIBHUKSHITE BHUDZA DHARA DHARA SAMANTHA AVALOKITE HUNG PHET SOHA）

②墩，在曼達盤上所放置代表供養的一把物品，可為米等穀類、或是各種珠寶。

③化身曼達共有七墩供養，分別代表須彌山、四大部洲、日、月。

唵阿吽!

三身佛土與富樂,

外、內、密之供養雲,

獻予三寶三根本。

受已祈賜二成就。

唵阿吽　咕如　喋瓦　達克尼　薩帕利瓦惹

熱納　曼達拉　布雜　美嘎　阿　吽

　　唵、阿、吽這三個種子字分別代表諸佛的身、語、意（智慧心），也象徵三身：化身對應諸佛之身、報身對應諸佛之語、法身對應諸佛之意。

　　法身乃是諸佛的究竟自性。由此自性當中化現報身的五種智慧。化身則是諸佛無所不在的慈悲，根據眾生的需求與願望而以各種不同方式顯現。

　　「外」的供養包括清水、花、香、燈、塗、食、樂[1]，以及所有令五官愉悅的物品。「內」的供養則是白甘露、紅甘露與食子的三種供養（分別對應於轉化的三毒——瞋、貪、癡），以及各種組成加持所依物、可修復與固守三昧耶誓戒的聖物。「密」的供養為十六種獻供天女的供養物：與空性了悟雙

[1] 這些即是一般所稱的「八供」，清水包括了洗臉水與洗腳水兩種供養，此為古印度的傳統之一；「香」指的是燒香類，「塗」指的是香水類，「樂」指的是音樂類的供養物。

運的五官愉悅物品。

我們供養的對象是三寶與三根本，而他們也歡喜地接受了供養。其後，為了回應我們，他們喜悅而慈悲地賜予加持，因為他們知道，由於他們接受了我們的供養，使我們得以積聚福德與智慧，最終可以讓我們脫離輪迴。

這個供養願文的結尾咒語以唵阿吽（梵音 OM AH HUNG）為起始。這三個種子字分別代表諸佛的身、語、意，也象徵三寶與三身。咕如（梵音 GURU，藏音「喇嘛」）指的是修持傳承的諸位上師，乃一切加持的根本。喋瓦（梵音 DEWA，藏音「拉」或「依當」）指的是本尊，乃所有成就的根本。達克尼（梵音 DAKINI，藏音「康卓」）指的是女性的證悟主尊或特質，乃一切事業的根本。薩帕利瓦惹（梵音 SAPARIWARA）意思是「由他們的眷屬陪同」。熱納（梵音 RATNA）是「珠寶」。曼達拉（梵音 MANDALA）是宇宙這個曼達。布雜（梵音 PUJA）意思是「供養」。美嘎（梵音 MEGHA）則是「雲朵」。阿（梵音 AH）能讓供養物增長無量。吽（梵音 HUNG）則是祈請三寶與三根本接受我們的供

養並賜予加持。

化身曼達

　　首先，我們供養化現之身的化身曼達。這是一種象徵性的宇宙供養，須彌山居於中央。東方的勝身洲由純水晶所製；我們所在的南方為贍部洲，由藍寶石所做；西方的牛賀洲是紅寶石所成；北方的俱盧洲為黃金所造。須彌山四面的質地，便是四大部洲所對應的四種寶物。四大部洲之上的天空，也因這些部洲的不同組成而有相應的顏色。因此東勝身洲上方的天空為白色，我們這個南贍部洲上方的天空為藍色，西牛賀洲上方的天空為紅色，北俱盧洲上方的天空為黃色。在每一部洲的兩側各有一個小洲。東勝身洲的兩旁為身及勝身，我們這個南贍部洲的兩旁為拂及妙拂，西牛賀洲的兩旁為諂及勝道行，北俱盧洲的兩旁為俱盧及俱盧月，共為四大與八小的十二部洲。東南西北四大部洲的地上皆有眾寶山、如意樹、滿欲牛、自然稻。

　　接著是「七皇寶」[1]與寶藏瓶。眾寶山的面前是

---

[1] 轉輪聖王所擁有的「七皇寶」分別為：輪寶、珠寶、妃寶、臣寶、象寶、馬寶、將軍寶。

一個具有千股的珍貴輪寶,由閻浮河(the river Jambu)的純金所製,如陽光般閃耀。如意樹的面前有一個珍貴、如人一般大小的八面藍寶石,照亮周遭一百里格①之內的天空;它的光芒能解除並保護眾生不受熱寒之苦,驅除惡意行為之因,圓滿所有願望。滿欲牛的面前為一位珍貴的妃寶,如太陽般炫麗,離於五種缺患,並富有八種奪魂攝心的女性特質;僅僅瞥見她一面,便令空性與大樂的了悟得以如晨曦般初生。自然稻的面前有一位珍貴的臣寶,尊貴而高大,智慧而善巧。

在東南西北其間的四個次方位(東南、西南、西北、東北)則有一象寶,身為灰色,有千頭凡俗的大象那般壯碩,頭上戴有象徵大力的紅寶石;另有一馬寶如孔雀喉部一般地翠藍,能於一天之內繞完世界三次;還有一將軍寶,驍勇善戰,等同於宇宙的守護,他是如此地威嚴輝煌,讓人幾乎不敢抬眼正視;最後是寶藏瓶,能賜予所有的願望。

在八個方位則有八位獻供天女:嬉女、鬘女、歌女、舞女、華女、香女、燈女、塗女②。

在東方天空中、嬉女之前方,有一火造水晶的

① 「里格」為長度單位,一里格等於三英里。

② 在內圈的這八位天女分別在八個方位,嬉女(東方)、鬘女(南方)、歌女(西方)、舞女(北方)、華女(東南)、香女(西南)、燈女(西北)、塗女(東北)。例如,嬉女位於東方而面朝西方、鬘女位於南方而面朝北方;「嬉女」意指身形曼妙的天女。

① 居住於三個層界（藏音 sa gsum）的眾生包括：住於大地之上的天眾、住於大地之表的人類，以及住於大地之下的蛇族（身如巨蟒、具有魔力）。或龍族。其後所提到的寶物，有可能是龍王宮裡的夜明珠。

② 在佛學辭典的說明中，欲界的天道眾生仍有性別之分，也有物質慾望，共有六層天：四天王天（東持國天、南增長天、西廣目天、北多聞天）、忉利天（帝釋所管轄之三十三天）、夜摩天、兜率天、化樂天、他化自在天。色界共有十八層天，於此沒有性別之分與物質慾望：初禪天有三（梵眾天、大梵天、梵輔天）；二禪天有三（少光天、無量光天、光音天）；三禪天有三（少淨天、無量淨天、遍淨天）；四禪天有九（無雲天、福生天、廣果天、無想天、無煩天、無熱天、善見天、善現天或大自在天、色究竟天或奧明天）。無色界無性別之分，無男女之相，也無物質形式，共有四層天：空無邊處、識無邊處、無所有處、非想非非想處。

太陽閃耀著；在西方天空中、歌女之前方，則有一水造水晶的月亮。於南方天空中、舞女之對面，漂浮著具有金色手把的白色寶傘；於北方天空中、鬘女之對面，則有一多彩的尊勝幢。

而布滿虛空中的，則是令人眼花撩亂的天、人、龍族①之一切財富，猶如大風雪中的雪花般無量無盡。

須彌山內是欲界的六道，山頂上則有色界的十七層天，其上是無色界的四層天②。在天眾的世界中，有清淨的甘露湖、如意樹、黃金山與珠寶山，還有美妙的花園與森林。七重的金黃山圍繞著須彌山，其間由七重海所分隔，整個地基周圍則是熾焰的鐵山。

最後我們應該觀想，在這個宇宙的每一個原子之中，還有另一個完整的宇宙，並具足無量無盡、豐盛無比的供養。如此廣大無垠的供養包含了整個宇宙所能找到的一切圓滿、美妙、珍貴之物——無論是在大地之下、大地之表、大地之上——例如龍族的如意寶，在深廣的大海中也能照亮整個龍族世界。當我們在做這個所有宇宙供養的時候，就當自

己是整個宇宙的擁有者，是一位能夠轉輪的宇宙聖王。

我們修持曼達供養，因而能夠毫不執著地布施。目前，我們非常執著於自己所擁有的事物。無法忍受布施自己的財產，甚至有時候不敢使用它們，深怕會被用盡或用壞。因此為了除去對物質的執著與貪愛，我們向諸佛菩薩供養我們所具有的一切：財物、良好的特質、學習的所得，以及過去積聚的一切功德。我們不光以這輩子所擁有的少許物品來做供養：我們做的供養是無量無盡的，是整個宇宙——同時，不只是我們所在的宇宙，而是十億個同樣的宇宙。我們將所有的供養物獻予皈依聖眾，乃是為了利益一切眾生，特別是我們視為敵怨、令我們有所障礙與艱困的眾生。我們祈願，經由這個修持的功德，這些眾生都能被帶上解脫之道，究竟成佛。除非我們以這樣的心態來修持，否則我們所修的便不是真正的大乘法門。

報身曼達

其次,在化身曼達之上,我們觀想並供養圓滿樂受身的報身曼達,此乃五方佛部淨土的供養。觀想五方佛部的佛土就在我們上方的高空之處。中央是大日如來的「密嚴淨土」(Densely Arrayed Buddhafield);東方是不動佛的「淨喜淨土」;南方是寶生佛的「純美淨土」(Utterly Beautiful Buddhafield);西方是阿彌陀佛的「極樂淨土」(Blissful Buddhafield);北方是不空成就佛的「圓滿事業淨土」(Buddhafield of Perfectly Fulfilled Action)。

法身曼達

第三,供養遍入一切的法身曼達,此乃我們對究竟自性的了悟,無論是修持供養的做者、獻予供養的受者或供養的行為本身,我們都絲毫不起概念。為了象徵性地對應於其他曼達的結構,我們做此思量:這個普遍共有的空性乃是曼達的地基,而成佛的各種功德,例如四無畏①、十力②、十八正辨③

---

① 佛之四無畏:一切智無所畏、漏盡無所畏、說障道無所畏、說盡苦道無所畏。

② 如來十力:知覺處非處智力、知三世業報智力、知諸禪解脫三昧智力、知諸根勝劣智力、知種種解智力、知種種界智力、知一切至所道智力、知天眼無礙智力、知宿命無漏智力、知永斷習氣智力。

③ 十八正辨的英文是the eighteen correct discriminations,中文查不到對等的詞彙,僅能初步翻譯如下:諸佛具有十八種與凡夫區辨的功德,心不迷、聲不躁、憶不忘、定不失、認知不分別、平等妙觀察、發心不退轉、精進不退轉、觀照不退轉、三摩地不退轉、般若不退轉、全然解脫不退轉、解脫智慧不退轉、舉止依智慧、言語依智慧、心意依智慧、無著無礙知過去、無著無礙知現在。

等，則相應於所供養一般曼達中各種宇宙的不同元素。

在修持三身曼達的供養時，配合念誦十萬次的供養文，以及十萬次的七墩供養。依照行者的喜好，或念誦上述的供養文，或念誦四句供養文。後者經常用於領法時來祈請法教與表達感恩。這段供養文可在蓮師的《密咒道次第》[1]與阿底峽尊者的《道次第》中找到：

香塗地基妙花敷，
須彌四洲日月嚴，
觀為佛土以奉獻，
眾生咸受清淨刹。

行者也可念誦較為詳盡、由偉大的薩迦派祖師、眾生的尊貴護祐尊八思巴（Drogon Phakpa）上師所造的三十七支供養文。供養文的選擇，端看行者想要如何詳盡地修持供養而定。

在每座結尾，思量虛空中的十方諸佛菩薩接受了供養，並賜予我們達到究竟了悟的次第法門。

[1] gSang ngags lam rim，《密咒道次第》(Stages of the Path of the Secret Mantras)可見於《大寶伏藏》(Rin chen gter mdzod chen mo)第六十冊第一部。《大寶伏藏》(The Great Treasury of Rediscovered Teachings)為蔣貢康楚仁波切將蔣揚欽哲旺波上師所取伏藏蒐集成冊的名著。《大寶伏藏》是第一世蔣揚欽哲仁波切和第一世蔣貢康楚仁波切於十九世紀推動「不分教派運動」時，將十二世紀伏藏師桑吉林巴（Sangye Lingpa）至十九世紀伏藏師秋吉德欽林巴（Chogyur Dechen Lingpa）之間共百位伏藏師所取藏的法門彙編，共有六十三函，藏文稱為《仁欽德佐》(Rinchen Terzer)法要大全集。

上師相應

在前行法或加行法中,最殊勝的莫過於上師相應法(上師瑜伽),或稱「與上師的自性雙運」。透過這個修持,能令我們的本初智慧於瞬間生起。

修持上師相應法能夠讓我們向一位真正的上師祈願,並表達深切不變的虔誠信心。由於我們的信心,我們的心與上師的心合而為一。何以這個修持是必要的呢?這是因為無論是過去、現在或未來的三世諸佛,都曾經或必須依止一位上師,才能達到證悟。不管我們修持的是佛陀法教「九乘」[1]當中的任何一個法門,都必須依止一位上師,領受法教並根據所傳來修持。除此之外,別無他法。

即使我們遇見一位上師,並領受了法教,若我們對上師與法教缺乏熱切的虔誠與全然的信心,便無法得到上師的加持。沒有了上師的加持,修行便無法進展。因此,首要之務便是生起虔誠心。

一開始,虔誠心極少會自然出現。我們必須生起之而滋養之。例如,首先,當我們聽到上師的名

---

[1] 紅教(寧瑪派)將佛法分為九乘:聲聞乘與緣覺乘,屬於小乘;菩薩乘;三「外」密(作密、行密、瑜伽密)與三「內」密(瑪哈瑜伽或大瑜伽、阿努瑜伽或無比瑜伽、阿底瑜伽或無上瑜伽),後六者屬於金剛乘。前三者稱為三「共」密。

號與生平時,思量他的驚人證悟事業。接著,當我們得見上師之時,我們看到那些功德的真實無誤,我們的信心與虔誠便不斷增強。我們的祈願愈來愈深切,上師的加持便開始更加深入我們的內在。

一切成就皆來自上師的加持。這裡所指的不是像健康、長壽或財富那樣的微小成就,而是對上師證悟自性的無上了悟,因為上師的證悟自性與我們的佛性無二無別。

觀想

為了幫助我們生起虔誠心,儀軌中的偈頌說:

前空廣大虹光中,
根本上師蓮師現①,
如海三傳持明繞,
尊為皈依眾總集。

觀想根本上師以蓮師的身形出現。此處稱蓮師為「貝瑪通趁雜」(Pema Thotrengtsal),此乃他的名

① 此處所用的蓮師名稱為他的密名「貝瑪通趁雜」(Pema Thotrengtsal),又稱「顱鬘力」上師(以顱鬘為莊嚴,具有大力)。

蓮花生大士和金剛瑜伽女

號之一。你也可以觀想上師爲金剛持①的身形,或你平常所見的樣子。重點在於,所要觀想的是那位能令你生起最強烈、最自然之虔誠心的上師。

　　觀想自己所在之處不再是凡俗之地,而是蓮師的淨土「尊聖銅色山」②。在這個一切皆由珠寶與珍物所組成的淨土中央,有一個無可計量的「蓮花光」宮殿,由清淨光明所造──透明而充滿虹彩。你也不再是凡夫之相,而是金剛瑜伽女的身形,站立在宮殿中央,其下爲蓮花、日輪與屍體;身色亮紅,猶如紅寶石,閃耀如陽光;寂靜而安詳,左腿直立而右腿上彎,以舞蹈姿勢而站。身著絲衣、珠寶與骨飾等報身本尊之莊嚴。右手持一彎刀,象徵著我執的斷除,左手持一只盛滿不死甘露的顱器。左手的臂彎之間,有一三叉戟「卡杖嘎」(Khatvanga) 靠在肩上,代表蓮師的祕密身形。她優雅而安詳地舞蹈著;面容極爲慈悲,又稍帶怒容地微笑,露出尖銳的獠牙,象徵戰勝了妄念。她在外相上爲金剛瑜伽女,本質上則是「智慧海后」,亦即蓮師的無上佛母依喜措嘉。

　　在你的頭頂上方,於一團虹彩的光明之中,有

① 金剛持,持有金剛者,「新譯派」認爲其乃所有密續的來源,亦即本初佛;「舊譯派」則用來稱呼持有金剛乘法教的證悟上師。

② 蓮師淨土(Zangdopelri, the Glorious Copper-colored Mountain)位於南贍部洲南方及西方的小洲「拂洲」內。

一個八尊無畏獅所抬的寶座，上方為蓮花、日輪與月輪，其上坐著蓮師「貝瑪通趁雜」（蓮華顱鬘力）。我們對蓮師的觀想應極為清楚，不像雕塑那般由粗濁物質製成，也不像一幅唐卡那般平坦，而是透澈、生動而清晰。我們甚至應該觀想到最細微的細節，例如眼睛的黑瞳與眼白，僧袍上錦緞的金黃裝飾等。（有關這些不同的觀想部分，可參考蓮師畫像或塑像，或許有所幫助。）我們觀想的蓮師猶如彩虹一般透明，卻又不僅止於視覺上的形象，因為他全身充滿了虛空中十方三世一切如來的智慧、慈悲與大力。

蓮師曾承諾：「對我的禪觀，便是對諸佛的禪觀。」透過蓮師，我們便能得到諸佛菩薩的所有加持。更特別的是，當我們向無別於根本上師的蓮師祈求，必然能夠領受無量無盡的加持。僅僅向根本上師祈求，我們便像溝渠聚集所有落在屋頂上的雨水那般，得到諸佛、文殊菩薩、觀音菩薩、金剛手菩薩等聖眾的加持。上師本人乃是一切壇城的主尊，總集一切之尊，外在為三寶（佛、法、僧），內在為三根本（上師、本尊、空行），祕密為三身（法

身、報身、化身)。

虔誠

蓮師曾說:「任誰對我具信心,我便出現其面前。」只要具足信心的力量,無論是蓮師、我們的根本上師和一切如來的加持與現前,便會恆時與我們同在。因此,虔誠相當重要。

向蓮師祈求、觀想蓮師在頭頂上方時,不應認為由於我們的祈請,蓮師會在未來某個時刻出現,給予加持,而是由於我們的虔誠,他於此時此刻真實地來到,具足一切智慧與慈悲。蓮師也曾說:「把你的心交給我。我會隨時在你身旁。」如果你認為蓮師無別於你的根本上師,你便能領受無量如浪的加持。

在許多有助於增長虔誠的祈願文中,我們在此念誦「蓮師七句頌」。這個願文乃是空行母祈請蓮師從究竟廣空的法界來到娑婆世界利益眾生時所念誦的。在所有蓮師的修持儀軌中,都有這段願文,而它也是蓮師為了利益後世眾生所藏的伏藏之一。正

蔣揚・欽哲・旺波（Jamyang Khyentse Wangpo，1820-1892），不分教派傳承

如母親一定會回應孩兒的呼喚,蓮師對任何念誦七句頌的人,也一定會從銅色山淨土降臨。

吽!
烏金淨土西北隅,
降生蓮花胚莖上,
勝妙悉地成就尊。
稱揚聖名蓮花生,
圍繞如海空行眷,
我今發心如尊行。
請速降臨賜加持。
咕如貝瑪悉地吽。

我們必須生起上師永在我心的虔誠。無論快樂或痛苦,無論遇到好事或壞事,絕不依止上師以外的任何人事物。當我們身處舒適善緣中,應該觀想舒適與財富皆無真實的實體;它們的出現,僅是來自上師的加持。把它們當做曼達來供養上師,並善用它們來幫助眾生與弘揚法教。

當不斷出現艱困、痛苦、疾病與毀謗時,我們

要感恩上師的加持。因為透過上師的加持，得以讓我們在尚有能力來清淨它們的此時此刻，便經歷這些痛苦。我們也應思量：「這些都只是我過去世以來傷害他人、犯下各種負面行為的結果。如果我現在不清淨這些業行，未來只有多世輪迴下三道的命運。經由上師的慈悲，使我現在能夠清淨業力。祈願由於這些痛苦的經歷，能令我盡除所有讓其他眾生煩惱的類似痛苦。」如是，莫讓快樂使你自負，莫讓困苦使你喪志。隨時隨地讓自己的心毫不動搖地向著上師。

心中只有上師，除外皆不做想，意思是當我們行走時，應觀想上師坐在右肩上方，而我們恭敬繞行之。當我們坐著時，觀上師在頭頂上方。當我們飲食中，觀想上師在喉間，而我們把所吃食物的第一及最好部分供養上師。夜間就寢之時，觀想上師住於心中八瓣紅色蓮花之上，閃耀的光明充滿整個宇宙。

如此心中隨時思惟著上師，能幫助我們將日常生活的所作所為轉化成修道的一部分。當我們心中沒有別的、只有上師之時，即使我們經歷極大的悲

傷或內心的困苦，單是憶念上師，便能全然清除這些艱難，並使我們充滿信心與喜悅。

金剛上師心咒

在「蓮師七句頌」之後，我們持誦十二字的「蓮師心咒」。這個心咒乃是佛陀十二支法教[1]的精髓所在。這十二個咒字能夠清淨十二因緣[2]——此十二因緣使眾生不斷產生無明與痛苦，也與蓮師在這個娑婆世界所示現的十二相成道[3]互相輝映。這個咒語不僅是對蓮師，也是對三寶、三根本及無量無數的寂靜尊與忿怒尊來持誦。

「唵阿吽」這前三個咒字，代表著蓮師相應於三身的三個面相——法身為阿彌陀佛；報身為觀音菩薩；化身為蓮師。「班雜」[4]指的是蓮師不變如金剛的智慧。「咕如」在梵文的意思是「相當具有重量的」，指的是上師功德的極大重量。它也意指著，我們遵循上師之開示所帶來的極大利益，以及我們並未依止上師時，對自己與他人所造成的極大傷害。「貝瑪」意思是蓮花，指的是蓮師的名號，以

[1] 十二支法教所指可能為十二部經，契經、重頌、孤起、因緣、本事、本生、未曾有、譬喻、論議、自說、方廣、授記。

[2] 十二因緣依序為無明、行、識、名色、六入、觸、受、愛、取、有、生、老死，乃眾生三世輪迴六道的次第緣起。

[3] 譯者並未查到蓮師十二相成道之內容（也有可能指的是蓮師十二變），以下是英文譯者提供讀者參考之佛陀十二相成道：降世、入胎、出生、勇健多藝、嬪妃共樂、出離世間、修苦行而捨之、菩提樹下禪定、降魔、成道、轉法輪、入涅槃。

[4] 梵文本音為「瓦佳」（vajra），但藏人多發音為「班雜」（benza）。

及他於蓮花胚莖上的無瑕降生。「悉地」所指為世間的共同成就與出世間的無上成就,「吽」則是呼喚蓮師,祈請他垂賜我們這些成就。

我們總共念誦十萬次的「蓮師七句頌」,以及一百三十萬次的蓮師心咒(為十二個咒字每個持誦十萬次,再加上十萬次的修補缺誤)。你也可以選擇較為簡短地持誦咒語,如此則是四十萬次的心咒持誦。

在所有的修持當中,上師相應法最具深義,但又毫無危險或風險。此處並沒有於生起次第所需要的複雜而困難的壇城觀想,也沒有於圓滿次第在做禪觀時所牽涉到脈、氣、拙火修持等的任何風險。不單如此,當我們正確無誤地修持上師相應法時,一切生起次第與圓滿次第的功德將自然生起。另一方面,若是缺乏對上師的虔誠,就算我們經年累月地修持生起次第與圓滿次第,我們的修持絕對無法穩固,也不可能嘗到任何成果。正如吉美‧林巴上師[①]所言:「對於上師生起信心,便是究竟的皈依。」

這段偈頌也是這麼說的:

---

① Jigme Lingpa 乃是相當著名的伏藏(terma)掘取者,藏人稱為「德童」(terton)。

僅是憶念上師一瞬間，
便勝過以數百萬年間，
持續修為本尊觀修法：
向汝上師主尊來祈願。

念誦上師名號僅一次，
便勝過念誦四部密續，
所有本尊之一切名號，
向汝上師主尊來祈願。

心與上師相融一瞬間，
便勝數百年修靜慮定，
或修百次圓滿次第法：
向汝上師主尊來祈願。

生起圓滿二次第，
精髓在於虔誠心，
所有念誦之精髓，
則向上師來祈願，
一切修法之精髓，

乃與上師心合一：
向汝上師主尊來祈願。

領受四灌

在「蓮師七句頌」與「蓮師心咒」的持誦之後，我們經由蓮師三處與全身所放出的光芒，領受蓮師身、語、意及智慧的加持。蓮師前額中央的「唵」字放出白色的光芒，並收攝入我們前額所對應的「唵」字，清淨我們由身所造的惡業。同樣地，蓮師喉部中央的「阿」字放出紅色的光芒，清淨由語所造的惡業；蓮師心部中央的「吽」字放出藍色的光芒，清淨由意所造的惡業。最後，蓮師全身放出五彩的光芒——白、紅、藍、黃、綠——收攝入我們的全身，清淨了我們與身、語、意相關的所有微細障染。同時之間，我們也領受了四種灌頂：寶瓶、祕密、智慧與徵示（文字），並於我們之中播下未來成就四身①的種子。法本的偈頌如下：

① 四身，為法、報、化三身之外，再加上「自性身」。

本尊三種字放光賜，賜加持、灌頂、成就。

上師化光融入己,無別住於離戲中。

念誦完畢之時,於我們頂上的上師化爲光團,融入我們。此時思惟自己的心與上師的心全然地合而爲一。接著,自身隨即化光,安住於純然的離戲中,此乃心的究竟自性。當念頭再次生起時,應要將形色、音聲、憶念等一切現象都視爲上師身、語、意的展現。一切形色皆爲上師身的示現,一切語音皆爲上師語的示現、也是十二字咒語的自然迴響;一切念頭皆爲上師意的示現——它們不再是妄念,而是覺性的自然創造,而覺性乃是非概念的智慧,亦即蓮師的證悟心。當我們仔細檢視自心時,無法將我們的心歸類於任何的顏色、形狀或位置:這便是心的空性層面。然而這個心卻又能覺知並知道輪迴與涅槃裡的所有現象:這便是心的明性層面。

結行

我們強烈的虔誠與渴求必須與想要利益一切有

情眾生的願望結合。當我們向上師祈求時，思惟所有眾生與我們共同祈求，彷彿我們是他們的引領者一般。當我們領受蓮師的加持時，思惟所有眾生與我們共同領受。恆時向自己的上師祈願，心中了知，即便只是供養上師之身一滴香水，比起將布滿虛空之供養物獻予十方諸佛，對自己於證悟道上的進展而言，前者更珍貴而更具利益。

修法結束時，將修持功德迴向給一切有情眾生，祈願他們因此而能得見蓮師、聽聞他的聲音、成就他的智慧，並於臨終後即刻投生「銅色山淨土」，親見蓮師並圓滿所餘的成佛之道。

上師相應法乃是增長修行進展與驅除所有障礙最為有效的方法。因此，從你踏入佛門的那一刻起，直到你成就阿底瑜伽或大圓滿的究竟了悟，隨時於心珍視這個寶藏，並把它當做修持的重點所在[1]。

[1] 頂果欽哲仁波切有關上師相應法之詳盡開示可見於《如意寶：龍欽心髓上師相應法》（*The Wish-Fulfilling Jewel: The Practice of Guru Yoga according to the Longchen Nyingthig Tradition*），一九八八年由香巴拉出版社發行。中文版《如意寶：上師相應法》，丁乃竺翻譯，雪謙文化 2006 年出版。

第三章
結論

三善法

　　讓這個修持——以及我們所做的任何其他修持或事業——得以有力量的架構，便是所謂的「三善法」：前行的初善，是生起菩提心，亦即我們要為利益一切眾生而來作為與修持的願望；正行的中善，即實修之時，保持心無所擾的狀態，不受執著與概念的影響；結行的後善，則是迴向功德以利益眾生。「三善法」必須運用於所有的修持，無論是生起次第①、圓滿次第、大手印、大中觀或大圓滿皆然。若無「三善法」，任何修持都失去了意義。

　　前行的初善就是生起菩提心。這個善巧的方法不僅能增加修持的價值，也是我們修持的原因。例如，現代科技使用強而有力的機器，能在一小時內完成需要百人手工製作的產品。類似地，當我們進行任何作為時，若以利益他人的清淨意圖而為，這樣的發心便是能使這個作為變得具有無盡利益與效

① 生起次第，藏傳佛教所稱開始修行的第一階段，修行的重點放在清淨業染與習氣，並且禪修所依本尊的咒語和智慧。第二階段則為圓滿次第，著重於氣脈的修持與空的體悟。

用的善巧方法。由於我們的心對行為性質的影響力遠大於身體或語言，因此開始修持之時，首先應內觀自己的心，檢視動機為何。

正確的思惟方式如下：「在所有眾生中，沒有一個不曾為我過去世的父母。如今他們全都深陷苦海。他們都希望得到快樂，卻不知道如何獲得。我希望幫助他們，卻尚未具備能力。因此我必須在證悟道上有所進展，以便幫助一切有情眾生脫離痛苦與無明。」

一切的所作所為都應出自這個動機，即使是不起眼的事，例如僅僅念誦一次「嘛呢」（觀音菩薩心咒），或繞行寺廟或佛塔一周。在做每一件事情的時候，都要思惟：「願我是為利益眾生而做。」如此，就算是念誦一句「唵嘛呢唄美吽」，也能帶來無量功德：不僅關閉了輪迴下三道之門，也引領了投生淨土之途。如果單單這句「嘛呢」的持誦能經由菩提心的生起而增強，其利益將於諸多未來世中不斷增長。這是因為當我們為了利益眾生而有所作為時，這個作為的利益便如眾生的數量一般無盡。若我們念誦一億次的「嘛呢」，卻不迴向功德予眾生的

福祉,其利益將遠少於為了利益眾生而僅念誦一百次「嘛呢」。

　　正行的中善,即實際修持時,必須離於執著與概念。在理想上,這意味著對空性、法界(一切現象)自性為空的全然了悟。不過這對初學者來說,並不容易了解。因此,我們把重點放在完全專注於修持本身,身語意三者合一而一致。比方說,如果我們以身頂禮,口中卻與人進行凡俗對話,心中充滿貪著與瞋恨,那麼頂禮將只是機械式的動作,幾乎毫無益處。在修持中,我們必須時時刻刻保持身語意的合一,以身頂禮,以語念誦皈依願文,以意專注於頂禮的意義。當合掌置於前額時,應該憶念我們是在禮敬諸佛之身。當合掌置於喉前時,我們是在禮敬諸佛之語;當合掌置於胸前時,我們是在禮敬諸佛之意。接著,當前額、雙掌、雙膝碰觸地面時,我們是在禮敬諸佛之身、語、意、功德、事業;同時之間,包括自己在內的一切眾生心中所現的五毒,都轉化成為五智。必須保持這種精細的觀照。即便以一般的標準來看,一個好工人也需要隨時密切關注他的工作。他的身體專注於工作本身,

用口語和人討論哪些需要完成,哪些必須避免,心則仔細思考正在進行的事情。如果我們不這麼做,就很可能像一位在縫紉時老望著窗外,同時跟滿屋子人聊天的裁縫師那般,最後發現把正在製作的衣裳縫到自己的衣服上了!

　　當我們說,實修「必須離於概念與執著」,是指必須離於貪愛執著、自我迷戀、思緒散亂等狀態。無論你的供養多麼廣大,即使是一萬個銀幣,你都絕不可以認為:「喔!我做了一個好大的供養!這對我的餘生來說已經足夠。我將因我的行為而有所收穫,並享受善業的果報。我懷疑有誰曾經做過這麼大的供養。」用這樣小心眼的態度來做供養,不但毫無意義,價值也極為有限。你應該希望你的供養能夠無限增長。如果你供養了一百萬,便祈願下次可以供養兩百萬。同時,重要的是要離於傲慢。有四種方式會使布施失去意義:希望有所回饋,向人誇耀所做,後悔做了布施,忘了迴向功德給一切眾生。簡而言之,一個好的行為必須全然離於後念①與期待;理想上,也應該是三輪體空,沒有做者、受者與所做之概念。

① 「初念」為最善,之後所生起的稱為「後念」、次念或第二個念頭。

在修法時，你的心必須離於有毒的念頭，否則將破壞整件事情。無論你的行為、言語和念頭多麼正向，如果受到貪愛、瞋恨、傲慢的染污，它們便像摻雜了毒藥的美食那般，沒有什麼益處。如果你能夠同時清淨身、語、意，你便像一件沒有污點的大衣，剪裁完美而縫線漂亮，或像一塊珍貴的石頭、鑽石或藍寶石，沒有絲毫凹凸或缺陷。

三善法的第三——結行的後善——則是迴向功德。如此將使功德的果實得以持續增長，而非當它被享用時便會竭盡。無論你做了一次或千次頂禮，供養一盞或千盞油燈，你都應該祈願：「我迴向所做供養的功德（代表過去、現在、未來我所有三世的正向行為），以利益虛空中一切有情眾生，特別是那些被我視為敵怨的眾生。」當你如此迴向時，必須非常清楚自己在做些什麼，彷彿你是將禮物一一交予所有眾生一般。你不應認為這個功德將因一切眾生的數量而有所劃分，而是每一個眾生都得到了整份的功德[1]。

當任何行為配合三善法來做之時，就算它不像念誦數億次咒語，或供養巨額金錢那般具有明顯的

---

[1] 這便像是將燭火逐一傳下那般，火光不會因此而有所減損。

分量，但仍具足真實且無量的利益。

正因菩提心這種清淨廣大的發願，而使大乘之所以為「大」。若沒有菩提心，即使我們自稱為「大」圓滿、「大」手印或「大」中觀的修行者，我們仍然是在自私自利的狹窄道上而已。

有了三善法，所需都具足。若無三善法，則無所進展。真實的修行必須經由培養；它需要持續的努力。我們必須轉化自身。如果打從一開始，我們便全然地離於貪愛與瞋恨，隨時將無量的有情眾生放在心中，那麼我們早已了悟，根本不需修持。然而，情況並非如此。因此我們必須把這些法教的意義謹記於心，並戒慎地注意身語意的行為。如果我們這麼來修，便能在修行道上有所進展而少有困難。正如我們可以從一個小孩的飲食等各種行為來看他過去的教養是否良好一般，我們的心若有了正向的轉化，也可以從行為中看出端倪。

我們應在日常活動中維持在禪修座上所得到的領會。否則，儘管我們認為自己已到達高階的禪修層次，仍會因遇到的第一個障礙而絆倒，無法處理日常生活的各種惱人情境。座上瑜伽和座下瑜伽[1]這

---

[1] 於修法座上的修持，稱為座上瑜伽；於下座之後、日常生活當中行住坐臥的各種修持，稱為座下瑜伽。

① 蔣揚欽哲旺波為蓮師所授記的五位德童之一，也是藏傳佛教不分教派「利美」運動的創始推行者。德童（藏音為 tertön）指的是能掘取伏藏（藏音為 terma）的人，而伏藏可能藏在湖泊之底、岩石之間、虛空之中、心意之內等，主要是由蓮師及其佛母依喜措嘉所藏；在多位著名的德童中，納達釀熱尼瑪歐瑟（Ngadak Nyang Ral Nyima Ozer, 1124-1192）、咕如卻吉汪邱（Guru Chokyi Wangchuk, 1212-1270）、多傑林巴（Dorje Lingpa, 1346-1405）、貝瑪林巴（Pema Lingpa, 龍欽巴尊者的前世之一，1445/50-1521）、（貝瑪歐瑟）多阿林巴（[Padma Osel] Do-ngak Lingpa，亦即蔣揚欽哲旺波[Jamyang Khyentse Wangpo], 1820-1892）等五位上師是由蓮師所授記，稱為「德童王」（資料來源：Concise Dharma Dictionary）。有關蔣揚欽哲旺波等欽哲傳承上師的生平事蹟，請參考本書〈相關資源〉。

② 見於巴楚仁波切（Patrul Rinpoche）所著之《普賢上師言教》英譯版《The Words of My Perfect Teacher（藏音「昆桑拉美歇龍」kunzang lama'i shelung）》，由蓮師翻譯小組翻譯，一九九四年由 International Sacred Literature Trust/HarperCollins Publishers 出版。中譯版見於《慧光集》。中文版《大圓滿前行引導文‧普賢上師言教》，堪布索達吉仁波切翻譯，喇榮文化 2008 再版。

兩段時期應該要能互相強化，相輔相成。若非如此，很難達到解脫。

一開始，修行並非輕而易舉；到了中間，修行並不怎麼穩固；然而在末了，修行就變得相當自然。這也是為何我們在修行道上之初，便應該全力以赴。將這一點謹記在心，是重要的。

以上乃是針對蔣揚欽哲旺波①所寫之前行簡軌的開示。更為詳盡的前行法解說，可見於巴楚仁波切所著之《普賢上師言教》②。

英文版後記

　　在薩旺・烏金・歐瑟・木克坡（Sawang Urgyen Ösel Mukpo）及許多想要修持前行法的弟子之祈請下，頂果法王於一九八七年十二月，用六天的時間在尼泊爾加德滿都的雪謙寺（Shechen Tennyi Dargyeling Monastery）做了上述開示。

　　講授的譯者為馬修・李卡德（Matthieu Ricard，法名空措・顛津 Konchog Tenzin），文字記錄為努爾（Nur）及詩林・蓋爾（Shirin Gale），編輯群則是蓮師翻譯小組（Padmakara Translation Group）的成員，主要是比丘尼那汪・卻登（Ngawang Chodron）、查爾斯・賀斯汀（Charles Hastings）及約翰・康提（John Canti）。米蓋爾・阿布朗斯（Michal Abram）及史提夫・葛欣（Steve Gethin）則予以修訂並編輯，而成為這本第二版的書。

譯者後記

一九九三年的四月四日，雪謙‧冉江仁波切（Shechen Rabjam Rinpoche）應邀參加台南縣左鎮鄉寶塔山噶瑪噶居寺「見即解脫吉祥光塔」的落成典禮。圓滿之後，該寺的住持、也是譯者的恩師洛本‧天津仁波切指示譯者隨同冉江仁波切北上。當日正值清明時節，再加上我的大意走了岔路，整個高速公路的行程竟然花了十四個小時。冉江仁波切不僅一路心平氣和地面對塞車，隔日清晨終於到了台北之後，還送我一本書做為初次見面的紀念，那便是頂果法王這本書的英譯初版。

在這之前，我對欽哲傳承已然十分嚮往，並有幸遇到兩位傳承上師：欽哲‧依喜仁波切（J. Khyentse Yeshi Rinpoche）與宗薩‧欽哲仁波切（Dzongsar J. Khyentse Rinpoche），也曾為他們擔任翻譯，但卻一直無緣親見頂果欽哲法王。不過，上

師的加持相當奇妙。就在法王圓寂之前,由於我在看到他的照片、聽到他的事蹟之後生起了強烈的親近心,居然兩次夢見法王;夢中的法王一如本人,高大壯碩,聲色柔和,上身赤裸,下圍裙袍;但其實我只看過他的臉部照片而已,竟然能夢得栩栩如生。當我在向他人證實法王的模樣之後,也感到相當驚訝。

於是,我當下便向冉江仁波切表示,如果他需要翻譯人手的話,我願意盡己所能;仁波切也欣然回應:未來有需要,會再聯絡我。然而,後來我自己深陷業力的洪流之中,無暇顧及其他,直到六年之後,長女週歲,才猛然想起這本書的存在。由於想到著作版權的問題,我曾嘗試與原版的出版商聯絡,卻一直沒有回音。一年又過去了,或許是因緣具足了吧,冉江仁波切在台灣的中心負責人彭措堪布(Khenpo Phuntsog Tobjor)於去年找到了我,並安排我與仁波切二度會面。同時,英譯的原版也在一九九六年正式出版了修訂版,於是這本書在台灣的翻譯與出版終於有了著落。當然,若在翻譯方面有任何的失與錯誤,那是由於譯者的愚鈍無知、

煩惱障蔽，還望諸君見諒；畢竟，「法」的翻譯實為不易！

於此，要特別感謝雪謙冉江仁波切的指示，馬修·李卡德的解答，彭措堪布和賴聲川老師的籌畫，以及我的導師宗薩欽哲仁波切、欽哲依喜仁波切的教導與鼓勵，堪布蘇南·札西（Khenpo Sonam Tashi）的錄音，美國「欽哲基金會」Cangioli Che、Steve Cline、Jakob Leschly、Anika Tokarchuk、馬君美、項慧齡、劉婉俐等人在佛學詞彙方面的協助，Daniel、Romeo 與許多「中華民國悉達多本願佛學會」會員在我害喜最嚴重時所給予的支持，以及家人、先生與長女在這次懷孕期間對我的貼心、體諒與照顧。

最後，祈願佛法的清流能在這因恐怖攻擊事件頻傳、而使無常似乎更為逼近的時代裡，持續帶給眾生心靈的滋潤與精神力量的增長；在此，謹以寂天菩薩《入菩薩行論》中的偈頌來做為翻譯本書的迴向：一切具德上師康健長壽，所有眾生速即離苦得樂！

雙手合掌吾祈請，十方三世諸如來，為諸暗迷苦眾生，照耀佛法之光炬。

　　雙手合掌吾祈請，欲示涅槃諸世尊，無量劫中恆時住，莫令世間於黑暗。

　　願以往來所積聚，我之一切善福德，能令眾生諸苦痛，全然清除盡無餘。

　　願為醫者與療藥，願為病者來護理，直至世間諸病者，悉皆治癒無病痛。

　　願飲食物如雨降，清除世間饑渴苦，若於饑荒之時期，願吾變為飲食物。

　　願吾成為無盡寶，滿足窮苦艱困者，願我成其所需物，緊鄰窮困者身邊。

楊書婷（Serena Yang）
二〇〇二年十月於宜蘭待產中
留言於「E.T.翻譯社」
http://tw.myblog.yahoo.com/serenalotus-blog/

詞彙解釋

Arhat（*dgra bcom pa*）**羅漢、阿羅漢**：字面意思是「毀滅敵人者」（譯注：中文稱「殺賊」、「殺煩惱賊」）。這裡的敵人是指五蘊或煩惱，經由修持最根本的法門，亦即聲聞乘或小乘而消滅。阿羅漢所成就的是離於輪迴諸苦，不過由於他們尚未究竟了悟空性，因此還不能除去執著於法界具有實體的微細障蔽，故而成為他們達到佛陀全知境界的障礙（譯注：已證「人無我」，未證「法無我」）。他們還需要修持大乘，以圓滿成佛的無上目的。

Bardo（*bar do*）**中陰、中陰身**：字義為「介於兩者之間」，也就是中間的過渡狀態。中陰身的種類有許多，但最常提及的是介於死亡與投胎之間的過渡狀態。

Bodhichitta（*byang chub sems*）**菩提心**：成佛想，證悟心。這是大乘法門的關鍵修持。在相對的層次來說，指的是為利益一切眾生而來成佛的心願，以及完成這個目標所需要的修持。以絕對的層次來說，指的是對自我與法界（現象）究竟自的直觀洞察力。

Bodhisattva（*byang chub sems dpa'*）**菩薩、菩提薩埵**：行於成佛道、修持慈悲心與六度行，誓言要為利益一切眾生而來成佛的修行者。藏文的字面原意是「具有證悟心的勇者」。

（譯注：有關六度行，請見 Sutrayana）

Buddha（*sangs rgyas*）**佛、佛陀**：除去二障並圓滿二智者。「二障」指的是煩惱障（此乃痛苦之因）與無明障（此令我們無法全知）；「二智」指的是了知法界的兩種自性：究竟與相對。

Buddhadharma **佛法**：佛陀的法教（見 Dharma）。

Buddhafield（*zhing khams*）**淨土、佛土、佛域、佛國**：某佛陀或某菩薩經由證悟的願力，加上有情眾生的福報力量，兩者相應所顯現的面向或世界，稱之為淨土或佛土。投生此處的眾生，可在證悟道上迅速增益而不落入下三道。不過，我們也要了解，當任何地方被觀為俱生智慧的清淨顯現之時，實際上便是淨土。

Circumambulation **繞行**：一種極具福德力量之虔誠修持，行者以專注力與覺察力順時鐘方向繞行某個被視為神聖的對象，寺廟、舍利塔、聖山，甚或具德上師及其居所。

Dakini（*mkha'gro ma*）**空行、空行母**：與智慧相關的女性主尊。具有許多層次的意義。一般所稱的空行具有特定程度的精神力量，智慧空行則是全然的了悟者。

Dharma（*chos*）**法、佛法**：釋迦牟尼佛與其他證悟者所傳授而示現證悟道的法教主體。具有兩個層面：「所傳之法」（lung gi chos）指的是實際傳授的法教，以及「所悟之法」（rtogs pa'i chos）或說是智慧境等，指的是經由修持這些法

教所達到的功德境界。

Dharmakaya（*chos sku*）**法身**：究竟身、真實身，乃空性之體。

Dzogchen（*rdzogs chen*）（梵音為 mahasamdhi，atiyoga）**大圓滿、阿底瑜伽**：寧瑪派所分「九乘」中的最高見地法門。

Kagyupa **白教、噶居巴、噶舉派**：藏傳佛教四大派別之一，由馬爾巴大譯師（1012-1095）所創。

Kalpa（*bskal pa*）**劫**：印度傳統宇宙觀所指的一段極長的時間。一大劫包含一個宇宙系的成、住、壞、空四期，共有八十中劫（譯注：各二十個）。一中劫有兩小劫，其一為壽命增長之時期，其二為壽命漸減之時期。（譯注：我們雖然常說人類現在的平均壽命比以前還久，但其實我們是處於「賢劫」裡的「減」小劫，亦即壽命漸減期。而過去之住劫稱為莊嚴劫，未來之住劫稱為星宿劫，現在之住劫稱為賢劫；賢劫裡共有千佛出世，稱為賢劫千佛。）

Karma **業、業力**：梵文的原意為「作為」，所指的是因果法則。依據佛陀的法教，一切的作為，無論是思想、言語或行動，都猶如種子，終將於此生或未來生成熟為種種經驗。正向或善德的作為將帶來快樂，惡意或負面的作為則會造成行為者以後的痛苦。

Kaya（*sku*）**身**：字義為「身」；指佛陀的自性。見 Dharmakaya，Nirmanakaya，Sambhogakaya。

Lower Realms 下三道、三惡趣：見 Samsara，Six Realms。

Mahamudra（*phyag rgya chen po*）大手印：噶居派的最高見地法門。

Mahayana 大乘：見 Shravakayana。

Mani 六字大明咒：觀世音菩薩的心咒，共有六字，唵嘛呢貝美吽（OM MANI PADME HUNG）。

Mantra（*sngags*）咒、咒語、真言：以字語或種子字組成的段句，與特定的觀修本尊有關，而持誦本尊的心咒乃是密乘觀修的主要修持。

Ngondro（*sngon'gro*）加行、前行：字義為「預備」、「基礎」、「先前」，能令修行增長的基礎修持。

Nirmanakaya（*sprul sku*）化身：顯現身，乃慈悲與方便之體，以此身形，佛陀便可讓未證悟者得以見到，並可教導、幫助他們。

Nirvana（*myang ngan las 'das pa*）涅槃：藏文對這個梵文的翻譯為「超越痛苦」，指的是根據小乘或大乘修行所證得的不同層次之證悟。

Nyingma（*rnying ma*）紅教、寧瑪巴：藏傳佛教四大派別中最古老的一派，於八世紀由蓮師所創。（譯注：蓮師、蓮花生大士、蓮花生大師，指的都是於七世紀將佛教由印度傳至

西藏的偉大上師。)

Pratyekabuddha（*rang sangs rgyas*）**辟支佛、緣覺佛**：沒有上師協助而自行修持證悟的人，這類證悟者不對他人傳授法教。

Rinpoche（*rin po che*）**仁波切、珍寶**：字義為「極為珍貴者」，藏傳佛教對轉世上師、住持與具德上師的尊稱之一。

Sadhana（*sgrub thabs*）**法本、儀軌**：一種儀式或儀式的所依文字，為密乘觀修的所依物。

Sambhogakaya（*longs sku*）**報身**：圓滿樂受身，淨土之自然顯現光明面，唯有高度了悟者得以直接見之。

Samsara（*'khor ba*）**輪迴**：存在狀態的輪轉或循環；尚未證悟者的心受到貪瞋癡三毒奴役，毫無自主地於各個狀態中生生死死，在無盡的身心經歷流中來來往往，只有受苦的份兒。見 Six Realms。

Shravakayana 聲聞乘；**Hinayana 小乘**：修持佛法的人依照所修的法門或「車乘」，而有不同的分派，也對應於修法動機的性質。主要分為小乘與大乘。小乘又稱為根乘（Root Vehicle），再分兩支：聲聞乘為佛陀弟子所修之道，緣覺乘（辟支佛）為自修了悟所修之道。聲聞乘與緣覺乘的目標為涅槃，被視為解脫輪迴痛苦的最終目標。大乘則為菩薩所修之道，在接納其他修行法門的實證 與效用 的同時，這些行者發願要為利益一切眾生而來成佛。由於通常認為「小乘」

這個字眼帶有輕蔑之意,因而大部分都會避免使用。許多大師,包括達賴喇嘛與 Nyanaponika Mahathera 在內,都建議以「聲聞乘」來稱呼之,儘管「緣覺乘」也屬於其中一支,至少此處所指包括這兩者在內(譯注:Nyanaponika Mahathera 為當代南傳佛教極為著名的學者,已出版的著作有十餘本,包括《The Heart of Buddhist Meditation》及《Abhidhamma Studies: Buddhist Explorations of Consciousness and Time》等)。

Six Realms (*'gro drug*) **六道**:傳統上將輪迴眾生的經歷分為六大類,稱為「道」或「界」,眾生的心由於過去的作為或業力而使之投胎至此。沒有一個地方是令人滿意的存在狀態,儘管各道的痛苦各有不同。上三道或三善趣,由於短暫的快樂而使痛苦稍微減輕,分別是天道、阿修羅或半神道、人道。下三道或三惡趣,眾生的痛苦遠大於其他的經歷,分別是畜生道、餓鬼道、地獄道。

Sugata (*bde bar gshegs pa*) **善逝**:字面意思為「去到快樂者」,為佛陀十號之一。一個人由於修行菩薩乘的快樂道,因而獲得快樂的果實,也就是圓滿的佛土。

Sutrayana **經言乘、顯教**:大乘的兩大類之一,以佛經與六波羅密多(六度)的修持為法教的依據;另一類為密教或真言乘,以密續的法教與修持為主要的修行道。(譯注:六波羅密多或稱「六度」,分別為布施、持戒、忍辱、精進、禪定或靜慮、智慧或般若。《唯識論》中則有十波羅密,稱為「十勝行」,再加上方便善巧、願、力、智。)

Tathagatagarbha（*de bzhin gshegs pa'i snying po*）**如來藏**：佛性，成佛的潛藏力，乃一切有情眾生自心原本具足者。

Three Jewels（*dkon mchog gsum*）**三寶**：佛陀、佛法與僧眾（有時包括所有佛法弟子與修行者），為我們皈依的對象。

Torma（*gtor ma*）**食子、朵瑪**：金剛乘修持與儀式中用到的可食用物品，有各種形狀與組合成分。根據不同的場合，被當做供養、代表所修的本尊或本尊的壇城，甚至是儀式中用於除去修法障礙的象徵武器。

Wheel of Dharma **法輪**：象徵佛陀的法教。佛法分為三大法門，亦即傳統所稱的三轉法輪。初轉法輪的內容為「四聖諦」，教導眾生了解痛苦的根源與離苦的方法。二轉法輪所講的為「空」教義：一切現象皆無自主體或實質存在。三轉法輪則是對於「如來藏」的開示，一切有情眾生自心本來具足佛性。

Yidam deity（*yi dam*）**本尊**：證悟者的一種身形，做為金剛乘行者觀想與禪修的所依。或為男，或為女；可為寂靜（祥和），可為忿怒，在究竟的意義上被視為與行者的心無二無別。

相關資源

壹、視聽資料

《西藏精神—頂果欽哲法王傳》DVD，馬修・李卡德／攝影，賴聲川／口譯，雪謙文化（預計 2010 年再次發行）。

貳、相關書目

1. 《西藏精神—頂果欽哲法王傳》，馬修・李卡德／著，賴聲川／編譯，雪謙文化（預計 2010 年再版）。

2. 「柔和聲」：冉江仁波切談《頂果欽哲法王傳》，2002/4；欽哲仁波切行傳，2001/10；薩迦法王談欽哲仁波切，1999/11，中華民國悉達多本願佛學會；或直接進入網站 http://netcity.hinet.net/siddwish 選中文，或 http://www.siddharthasintent.org/~chinese。

3. 《殊勝的成佛之道》：蔣揚欽哲旺波外、內傳；頂果欽哲仁波切傳，烏金多傑仁波切講述、黃英傑譯，全佛文化出版社，1992。

4. 「欽哲基金會」2001/12 會訊：欽哲傳承簡介（英文版），美國欽哲基金會；或直接進入網站 http://www.khyentsefoundation.org，選 Khyentse Lineage。

5. 《蓮花光》1999/7 第二期：欽哲傳承專輯，香港敦珠佛學會；或直接進入網站 http://www.dudjomba.org.hk 選中文→選刊物：蓮花光→選第二期。

6. 《蔣揚欽哲旺波傳》，第一世蔣貢康楚仁波切撰寫，張煒明翻譯，全佛文化 2007 年出版。

7. 「前行法的重要性」和「普賢上師言教開示輯要」，悉達多本願佛學會「柔和聲」第 14 期至 16 期：http://siddwish.myweb.hinet.net/gentlevoice.htm

雪謙寺介紹：

康區雪謙寺

東藏康區的雪謙寺，是寧瑪派六大主寺之一，1695 年由冉江天佩嘉增建立。成立至今培養出許多偉大的上師，包括：雪謙嘉察、雪謙康楚、米滂仁波切、頂果欽哲仁波切、秋揚創巴仁波切，以及其他許多二十世紀重要的上師，都曾在此領受法教或駐錫在此。雪謙寺一直以來以其諸多上師和隱士們的心靈成就、佛學院的教學品質、正統的宗教藝術（儀式、唱誦、音樂和舞蹈）等聞名於世。

不幸的是，1957 年雪謙寺及其 110 座分寺被夷爲平地。1985 年，頂果欽哲仁波切在流亡 25 年後回到西藏，於原址重建寺院，如今雪謙寺已重建起來，同時也恢復了部分的寺院活動，此外，也重建了佛學院。

尼泊爾雪謙寺、佛學院和閉關中心

尼泊爾雪謙寺是頂果欽哲法王離開西藏後，在尼泊爾波達納斯大佛塔旁所興建的分寺，以期延續西藏雪謙寺祖寺的佛教哲學、實修和藝術的傳統。尼泊爾雪謙寺的現任住持是第七世　雪謙冉江仁波切，冉江仁波切是頂果欽哲法王的孫子，也是心靈上的傳人，法王圓寂後，接下寺院及僧尼教育的所有重擔及責任，目前有 500 多名僧侶居住在此，並在此學習佛教哲學、音樂、舞蹈和繪畫等多方面課程。

仁波切也在此建立雪謙佛學院和雪謙閉關中心（南摩布達旁僻靜處），來擴展寺院的佛行事業。此外，爲了延續唐卡繪畫的傳統，也建立了慈仁藝術學院，提供僧衆及海外弟子學習唐卡繪畫，延續珍貴的傳統藝術。

冉江仁波切在僧團內創立了一個完善的行政體系和組織，成爲佛法教育、寺院紀律、佛行事業、正統修法儀式和實修佛法的典範。

印度菩提迦耶的雪謙寺和佛學中心

1996 年　冉江仁波切承續　頂果欽哲仁波切志業，在菩提迦耶建立了菩提迦耶雪謙寺。寺廟距離正覺佛塔只有幾分鐘的步行路程。除了寺院主殿外，還有設置僧房、客房、圖書室、國際佛學研究中心及佛塔等。此外，也成立了流動診所和藏醫診所，服務當地的居民。

承襲頂果欽哲法王志業，冉江仁波切也在印度八大聖地興建佛塔，除了菩提迦耶的

國際佛學中心外，在舍衛國等幾處聖地亦設有佛學中心。雪謙佛學研究中心定期提供深度研習佛教哲學和實修的課程，開放給來自世界各地的學生。另外，也陸續邀請寧瑪派及其他傳承的上師前來闡釋佛教經典，並且給予口傳。

不丹雪謙比丘尼寺

除了僧眾教育外，雪謙傳承也著力在復興比丘尼的佛學教育，頂果法王離開西藏後，在不丹雪謙烏金卻宗設立1座比丘尼寺，並在此傳授了許多重要的法教。目前，比丘尼寺內有100多名比丘尼，由2位雪謙佛學院的堪布在此教授讀寫、禪修等密集課程，完成基礎課程後，也同男僧般給予尼師們9年的佛學院課程。目前寺院內已有尼師們圓滿9年的佛學院課程，並且有2批尼師們圓滿了3年3個月的閉關實修課程。這些虔心向法的女性人數日益增加，冉江仁波切也規劃在此設立1處尼眾的閉關中心。

雪謙傳承上師介紹：

頂果欽哲仁波切

頂果欽哲仁波切是在西藏完成教育和訓練、碩果僅存的幾個有成就的上師之一，被公認為最偉大的大圓滿上師之一，也是許多重要喇嘛的上師，包括達賴喇嘛尊者、秋揚創巴仁波以及其他來自西藏佛教四大宗派的上師。頂果欽哲仁波切在不同領域都有所成就，而對一般人而言，這每一種成就似乎都要投入一輩子的時間才可能達成。仁波切曾經花了二十年的時間從事閉關，撰寫二十五卷以上的佛教哲理和實修法門，出版並保存了無數的佛教經典，以及發起無數的計畫來延續和傳播佛教思想、傳統和文化。然而，他認為最重要的一件事是，他自身所了悟和傳授的法教，能夠被其他人付諸實修。頂果欽哲仁波切深深觸動了東西方的弟子的心靈；他生生不息的法教和慈悲行止，正透過仁波切海內外的弟子努力延續下去。

頂果欽哲揚希仁波切

頂果欽哲揚希仁波切是頂果欽哲仁波切的轉世，1993年6月30日出生於尼泊爾。由頂果欽哲仁波切最資深、最具證量的弟子楚西仁波切尋找認證。在尋找的過程中，楚西仁波切擁有許多夢境和淨見，清楚地指出轉世靈童的身分。揚希仁波切的父親是錫給丘林仁波切明久德瓦多傑，第三世秋吉德謙林巴的化身，祖古烏金仁波切的子嗣；母親是德謙帕嫩；仁波切出生　於藏曆雞年五月十日蓮師誕辰的那一天，並由尊貴的達賴喇

嘛尊者証實是「札西帕久（頂果欽哲仁波切的名諱之一）正確無誤的轉世」。

　　1995年12月，楚西仁波切在尼泊爾的瑪拉蒂卡聖穴為欽哲揚希仁波切舉行典禮，賜名為烏金天津吉美朗竹。1996年12月在尼泊爾雪謙寺，正式為欽哲揚希仁波切舉行座床大典，有數千位從世界各地前來的弟子參加典禮者。

　　目前欽哲揚希仁波切已完成相關佛學及實修課程，並從前世弟子，如：楚西仁波切、揚唐仁波切等具德上師處領受過去傳授給這些弟子的法教、灌頂及口傳，並於2010年向全世界正式開展其佛行事業。2013年起，因冉江仁波切開始進行3年閉關，年輕的欽哲揚希仁波切也肩負起雪謙傳承相關佛行事業的重責大任，領導所有的僧團並授予法教。

雪謙冉江仁波切

　　雪謙冉江仁波切出生於1966年，是頂果欽哲仁波切的孫子和法嗣，由頂果欽哲仁波切一手帶大。從3歲起，冉江仁波切開始領受祖父頂果欽哲仁波切所傳的法教，直至今日，仁波切是這個從未間斷的傳承的持明者。　冉江仁波切幾乎參與頂果欽哲仁波切在二十五年間所主持的每一個傳法開示、竹千大法會和灌頂。並隨同頂果欽哲仁波切遊歷世界各地。

　　自從祖父頂果欽哲仁波切圓寂之後，冉江仁波切擔負起傳佈頂果欽哲仁波切法教的重責大任。包括承接了康區雪謙寺祖寺、尼泊爾雪謙寺、印度菩提迦耶雪謙寺、雪謙佛學院、雪謙閉關中心、八大聖地佛學中心及不丹比丘尼寺等龐大的僧團及佛學教育體系。另外，也在世界各地設置雪謙佛學中心，以弘揚雪謙傳承的教法，包括：法國、英國、墨西哥、香港、台灣等地，皆由仁波切直接指派堪布在各地雪謙佛學中心給予海外弟子授課及傳法。

　　除了在尼泊爾、不丹及海外的佛學教育及文化保存工作，冉江仁波切也透過頂果欽哲基金會，回到藏地從事人道關懷及公益工作。2001年以來頂果欽哲基金會在西藏各個地區〈康區、安多和西藏中部〉發起並監督多種人道計畫。內容包括：偏遠藏區的基礎建設（如：橋樑等）、醫療、學校及佛學院的興建、資助比丘尼、老人、孤兒及學生的援助等人道關懷。由於冉江仁波切的慈悲及努力不懈，也實現了頂果欽哲仁波切保存延續西藏佛教法教和文化的願景。

台灣雪謙寺的法脈傳承，歡迎您的加入與支持

　　雪謙法脈在台灣的佛學教育主要由堪布負責，堪布即為佛學博士，須在　雪謙冉江仁波切座下接受嚴格指導和正統佛學教育，並完成研習佛教經典、歷史以及辯經的九年佛學課程，對顯教密咒乘的典籍，都有妥善的聽聞學習完畢，其法教傳承實為珍貴難得。

　　目前尊貴的　雪謙冉江仁波切分別指派堪布　烏金徹林及堪布　耶謝沃竹來擔任高雄及台北佛學中心之常駐，負責中心的發展。

　　二處佛學中心所要傳遞給世人的是源自諸佛菩薩、蓮花生大士乃至頂果欽哲仁波切以來，極為清淨之雪謙傳承教法，而本教法的精神所在，也在教導世人如何學習並俱足真正的慈悲與智慧。秉持著這樣殊勝的傳承精神，佛學中心在二位堪布的帶領下，以多元的方式來傳遞佛陀的教法，期盼由此可以讓諸佛菩薩無盡的慈悲與智慧深植人心，帶領一切有情眾生脫離輪迴苦海。

　　台灣雪謙佛學中心是所有對　頂果欽哲法王及　雪謙冉江仁波切有信心的法友們的家，對於初次接觸藏傳佛教的信眾，不論任何教派，也非常樂意提供諮詢建議，期許所有入門者皆可建立起正知見及正確的修行次第。二位常駐堪布規劃一系列佛法教育及實修課程，由此進一步開展雪謙傳承教法予台灣的信眾們，讓所有人都有機會親近及學習頂果法王的教法。

　　目前台北及高雄固定的共修活動有：前行法教授、文殊修法、綠度母共修、蓮師薈供、空行母薈供、………，也不定期舉辦煙供、火供、除障、超度…等法會。

　　我們竭誠歡迎佛弟子們隨時回來禮佛並參與共修及各項活動。

頂果法王心意伏藏
實修入門講座報名表

從最初的轉心四思惟到上師瑜珈，到三根本大圓滿法密乘法門是循序漸進的學習與實修，臺灣雪謙中心將配合仁波切的法教傳承預計展開一系列由淺入深、由外到密的佛學課程（入門基礎、外內密法門…等），目前中心將由堪布開始"實修入門"的教授，我們竭誠歡迎您的全心投入！若您對此課程有興趣，請填妥資料傳真 07-2850041 或 E-mail：shechen.ks@msa.hinet.net 給我們！

姓　名： 　　　　　　　　　　　　已皈依：□是　□否

電　話： 　　　　　　　　　　　　性　別：□男　□女

住　址：

講座地點：高雄－高雄市三民區建國三路 6 號 9 樓（高雄中心）
　　　　　台北－台北市士林區德行東路 193 號（台北中心）

報名傳真：07-2850041
報名 mail：shechen.ks@msa.hinet.net
報名電話：07-2850040　　0919613802（張師兄）

　　雪謙常駐堪布烏金徹林於本課程授中也是一再慈悲叮嚀前行實修對於入門的修行者是非常重要的，而修持前行之目的，不僅僅能為自身累積福德資糧，更能使行者自心清淨，調伏安忍情緒，堅定正知正念，為成佛證悟之道奠下穩固的基礎。

【頂果欽哲法王文選】 頂果欽哲法王 Dilgo Khyentse Rinpoche 著

修行百頌
項慧齡 譯
定價：400元

《修行百頌》是十一世紀的偉大學者帕當巴・桑傑的心靈證言，由頂果欽哲法王加以論釋，意義深奧又簡明易懂。

覺醒的勇氣
賴聲川 譯
定價：400元

本書是頂果欽哲法王針對「修心七要」所做的論著。「修心七要」是西藏佛教所有修持法門的核心。

如意寶
丁乃竺 譯
定價：400元

依著第十八世紀聖者持明吉美林巴所撰述的上師相應法之修持教義，頂果欽哲法王在本書中，著重於傳授上師相應法的虔誠心修行，也就是與上師的覺醒心合而為一。

你可以更慈悲
項慧齡 譯
定價：500元

本書是法王頂果・欽哲仁波切針對藏傳佛教最受尊崇的法典「菩薩三十七種修行之道」所做的論釋。

證悟者的心要寶藏
（唵嘛呢唄美吽）
劉婉俐 譯
定價：500元

在本書中以特別易懂、易修的方式，陳述了完整的學佛之道：從最基礎的發心開始，臻至超越了心智概念所及對究竟真理的直接體悟。

成佛之道
楊書婷 譯
定價：400元

本書是頂果欽哲法王針對蔣揚・欽哲・旺波上師所撰寫的金剛乘前行法之重要修持加以闡述，明示了金剛乘修持的心要。

明月：
頂果欽哲法王自傳與訪談錄
劉婉俐 譯
定價：850元

本書分為兩大部分；第一篇是頂果・欽哲仁波切親自撰寫的自傳，第二篇為仁波切的主要弟子的訪談記事。是深入了解欽哲法王生平、修學過程與偉大佛行事業的重要文獻與第一手資料，值得大家珍藏、典閱與研學。

明示甚深道：
《自生蓮花心髓》前行釋論
劉婉俐 譯
定價：500元

本書是頂果欽哲仁波切主要的心意伏藏之一，從前行法直到最高階修法的大圓滿，此書是前行的珍貴講解。

醒心
米滂仁波切 原著
頂果欽哲法王 賴錄
張昆晟 譯
定價：400元

本書分為三段，第一部為主題，前譯寧瑪的巨擘「文殊怙主 米滂仁波切」寫在《釋尊廣傳・白蓮花》裡的修法，講述透過釋尊身相而修習止觀的瑜伽法門；第二部，具體觀想、祈禱釋尊的方法──〈釋尊儀軌・加持寶庫〉；第三部是兩則〈釋尊讚〉。

本淨
《椎擊三要》口訣教授
頂果・欽哲法王 講授
劉婉俐 譯
定價：300元

頂果法王親述的《椎擊三要》法教，曉暢易懂，卻又櫛次謹嚴、深廣奧妙，實是大圓滿法行者在聞、思、修中的必備法炬。

淨相
金剛乘修行的生起次第與圓滿次第
頂果・欽哲法王 講授
劉婉俐 譯
定價：300元

頂果法王依序解說了金剛乘生起次第與圓滿次第的要點，包括：生起次第的基礎與前行──灌頂的類別、內容、和涵義。

《見鬘》
九乘次第之見、修、果導引
劉婉俐 譯
定價：360元

做為「口訣」的前提，讓密續與論釋中複雜與困難的概念，得以精簡地被增補強化。

【雪謙精選大師系列】

遇見‧巴楚仁波切
巴楚仁波切
Patrul Rinpoche 著
定價：400元

本書以一位年輕人和一位老人之間的對話形式來撰寫。充滿智慧的老者讓年輕人狂野的心平靜下來，並帶領著年輕人進入道德倫常的優美境界之中。

大藥：戰勝視一切為真的處方
雪謙‧冉江仁波切
Shechen Rabjam Rinpoche 著
定價：400元

本書探索菩提心的根基、慈悲的內在運作、空性的見地，以及實際將這些了解應用於修道的方法。

西藏精神—頂果欽哲法王傳
（精裝版）
馬修‧李卡德 著
賴聲川 編譯
定價：650元

頂果欽哲法王是一位眾所周知的大成就者，與其接觸者無不為其慈悲和智慧所攝受，隨著法王的心進去了佛心。

邁向證悟
藏密大師的心要建言
馬修‧李卡德 著
項慧齡 譯
定價：450元

頂果‧欽哲仁波切曾對李卡德說：「當我們欣賞領會八大傳統的見地之深度，並且了解它們全都不相互抵觸地殊途同歸時，我們心想：『只有無明會使我們採取分派之見。』」這席話激發李卡德編纂這本文集。

【西藏系列】

西藏精神—頂果欽哲法王傳
（DVD）
定價：380元

第一單元由賴聲川 中文口述
第二單元由李察基爾 英文口述

揚希—轉世只是開始
（DVD）
定價：500元

甫一出生，我就繼承欽哲仁波切的法炬；現在，該是我延續傳燈的時候了。

明月：瞥見頂果‧欽哲仁波切
（DVD）
定價：380元

導演 涅瓊‧秋寧仁波切

祈請：頂果欽法王祈請文（CD）
定價：300元

此為 頂果欽哲法王祈請文，由寧瑪巴雪謙傳承上師——雪謙冉江仁波切 唱頌

憶念：頂果仁波切（CD）
定價：300元

在2010年 頂果欽哲法王百歲冥誕，雪謙冉江仁波切為憶念法王，所填寫的詞，由阿尼雀韻卓瑪等唱頌，在這虔誠的歌曲聲中，再再融入法王遍在的慈悲和智慧。（內附音譯、中藏文歌詞）

國家圖書館出版品預行編目資料

成佛之道：殊勝證悟道前行法 / 頂果欽哲法
王 (Dilgo Khyentse) 開示；楊書婷譯 . -- 二
版 . -- [高雄市] : 雪謙文化出版社, 2024.08
　面；　公分 . -- (頂果欽哲法王文選 ; 6)
譯自 : The excellent path to enlightenment :
oral teachings on the root text of Jamyang
Khyentse Wangpo
ISBN 978-626-97523-6-2(平裝)

1.CST: 藏傳佛教 2.CST: 佛教修持

226.96615　　　　　　　　　113011906

頂果欽哲法王文選 06
成佛之道 ── 殊勝證悟道前行法

作　　者	頂果欽哲法王（Dilgo Khyentse Rinpoche）
總 召 集	賴聲川
顧　　問	堪布烏金・徹林（Khenpo Ugyen Tsering）
譯　　者	楊書婷
審　　定	蓮師中文翻譯小組
文字編輯	項慧齡
封面設計	陳光震
發 行 人	張滇恩、葉勇瀅

出　　版　雪謙文化出版社

戶　　名：雪謙文化出版社
銀行帳號：兆豐國際商業銀行　三民分行（代碼 017）040-090-20458
劃撥帳號：42305969
手機：0963912316 line ID：0963912316　傳真：02-2917-6058

台灣雪謙佛學中心
　　　　　　http://www.shechen.org.tw　　e-mail:shechen@msa.hinet.net
高雄中心　高雄三民區建國三路 6 號 9 樓
　　　　　電話：07-285-0040　傳真：07-285-0041
台北中心　台北市士林區德行東路 193 號 5 樓
　　　　　電話：02-2516-0882　傳真：02-2516-0892

行銷中心　紅螞蟻圖書有限公司
　　　　　地址：台北市內湖區舊宗路 2 段 121 巷 28、32 號 4 樓
　　　　　電話：02-2795-3656　傳真：02-2795-4100

印刷製版　中原造像股份有限公司
初版一刷　2009 年 11 月
二版一刷　2024 年 8 月
Ｉ Ｓ Ｂ Ｎ　978-626-97523-6-2
定　　價　新臺幣 400 元

版權所有・翻印必究 (ALL Rights Reserved / Printed in Taiwan)